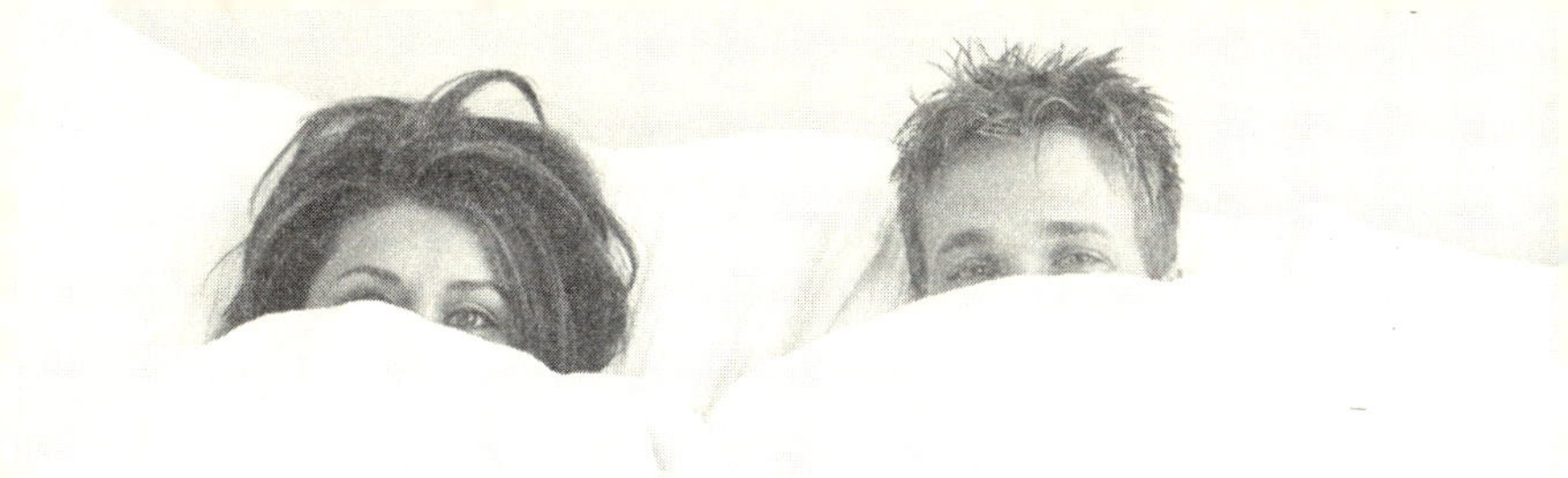

性別不問。

岩村 匠
Show IWAMURA

SEIKO SHOBO

目次 Contents

第V章 FAQ・もう聞き飽きた質問集

エピローグ 傲慢から感謝へ

装幀▼長谷川 理〈フォンタージュギルドデザイン〉
写真▼IT Stock International Ltd

性別不問。

プロローグ

▼跳べないノミにはなりたくない

僕は十年以上、親とまともに口をきいたことがなかった。親子断絶などといったものではない。断絶以前に繋がりがないから、断絶しようにもできないような状態だ。

暴力こそ振るわなかったが、言葉と態度で親を刺していた。親が何を言っても、

「うるせえな」

「関係ねえだろ」

と返すだけ。他に言葉を知らんのか？　ぐらいの勢いである。これでは「風呂・メシ・寝る」しか言わない、シャイな反抗期青年のほうがまだかわいいというものだ。

「産んだことを恨んでいるのかと思った」

母親にこんな台詞《せりふ》を言わせるほど、かつての僕は鬼畜だったのである。

しかし、人は変わるというのは本当だ。鬼畜だった僕が今では「産んでくれてありがとう」

などと顔から火が出るような（文字にすると喉から火が出てゴジラになるような）、恥ずかしい台詞を親に言えるようになったのだから。変われば変わるものである。

僕が変わることができたのは「思い込み」というものを捨て去ることができたからだ。


話は換わるようだが、ノミのジャンプ力を知っているだろうか。ノミは二十〜四十センチも跳《と》ぶことができるそうだ。大きさは二〜三ミリというから、実に体長の百倍から二百倍の跳躍力《ちょうやくりょく》があることになる。もしノミが人間ぐらいの背丈だったら、東京タワーを軽く飛び越せるかもしれない。

けれど、こんなにジャンプ力のあるノミを小さな箱のなかに入れておくと、跳ぶと天井に頭をぶつけてしまうから、頭をぶつけない高さまでしか跳ばなくなるそうだ。そしていったんそうなると、箱から出してやってもその高さまでしか跳ばないそうである。

「俺はここまでしか跳べないんだ」

ノミがそう思い込んでしまうのである。

あなたもこんなふうに、自分で自分の限界を決めつけていることはないだろうか。自分で思い込んでいることがないだろうか。

先ほどお話ししたように、僕には強い思い込みがあった。

僕は性同一性障害で、心と体の性別が違うのだけれど、これにはちょっと説明が必要だと思う。

性同一性障害には「心が男で、体が女」というパターンと、「心が女で、体が男」というパターンがある。僕の場合は前者だ。羊の皮をかぶった狼ではないが、男が女の体の形をしたぬいぐるみを着ているとイメージしてもらえばわかりやすいだろう。

などと偉そうに書いているが、性同一性障害の存在が日本で知られるようになったのは、一九九八年に埼玉医科大学総合医療センターで性別適合手術が行われてからのこと。それ以前には、僕は性同一性障害という言葉も意味も知らなかったので、自分は同性愛者だと勘違いしていた。なぜなら、僕は女の人が好きだから。

ん？　ややこしいって？　ならば簡単に説明しよう。同性愛というのは自分と同じ性別の人を好きになることで、性同一性障害とは心と体の性別が違うこと。つまり同性愛と性同一性障害は別のものなのだ。そして僕は「心が男、体が女」で、女の人を好きになる。だから性同一性障害だけれど、同性愛じゃないってわけだ。

これでもなぜ僕が同性愛じゃないのかわからなければ、先ほどの羊の皮をかぶった狼を思い出してほしい。羊の着ぐるみを着た狼が、狼を食ったら共食いになる。しかし、羊を食っても弱肉強食にしかならない。外見じゃなくて中身に注目すれば、同性愛じゃないことがわかっていただけるだろう。

まぁ、わかっていただけなくともかまわない。この本は「ポジティブになるためのヒント」

を書いた本であって、「性同一性障害とは何か」を明かす本ではないからだ。

とにかく、性同一性障害であろうと、同性愛者であろうと、僕は世の中の多くの人とはちょっと違うことになる。たいていの人は「心も体も男」か「心も体も女」で、「男として女を愛する」か「女として男を愛する」からだ。つまり、早い話がいわゆるノンケってことだな。

「人と違う……ヤバイ！」

長らくそう思い込んで生きてきた。ヤバイと思っていたから、当然のように人と違う自分をひたすら隠してきた。本当の自分を押し殺して、偽りの自分を演じてきたのだ。自分らしく生きられるようになったのは、ごく最近のこと。この思い込みを取り去るのに、なんと三十三年もかかっちまっただよ。よくまぁ、三十三年も飽きずにぬいぐるみを着ていたもんだと自分でも感心してしまう。

この本では、かつて跳べないノミだった僕がどのようにして思い込みを捨て、跳べるノミに変身することができたのかを書こうと思う。僕の経験が誰かの思い込みをなくすのに、少しでも役に立てば嬉しい。

第Ⅰ章▼闇・世の中全部が敵だった

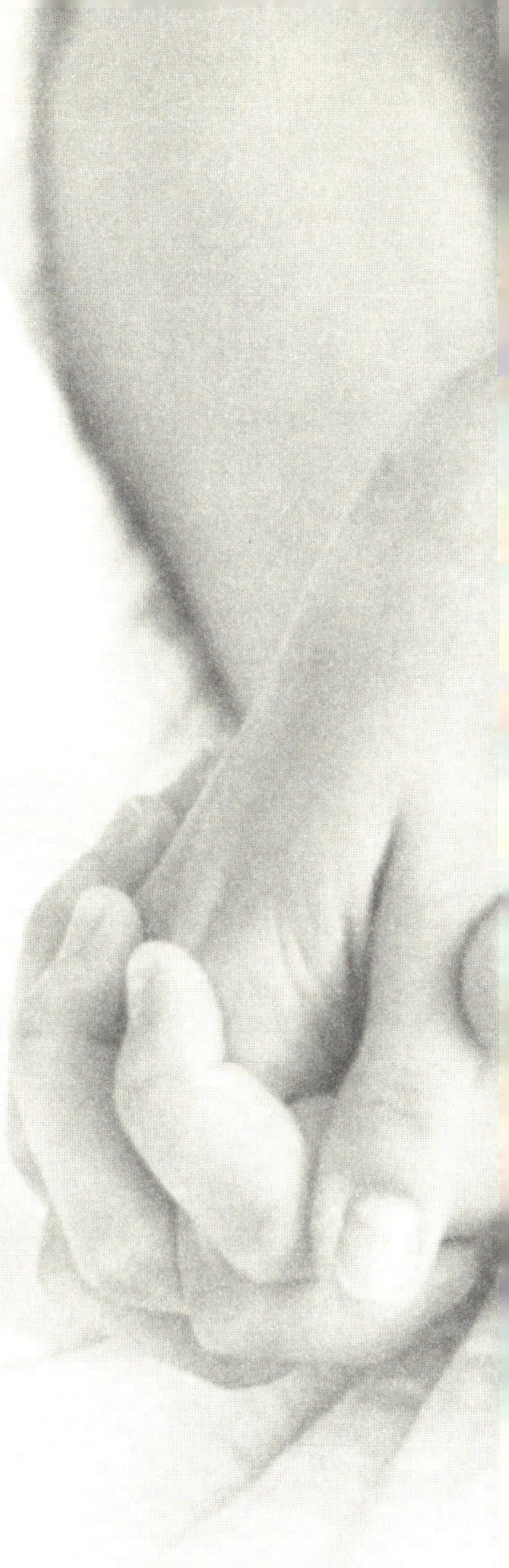

▼レズとからかわれて

記憶力がいいというのは、ときとして不幸だ。僕は記憶力がいいのだが（さりげなく自慢）、忘れもしない、あれは小学六年生のときのことだった。休み時間に女友だちと二人で笑いながらおしゃべりしていたら、男の子にからかわれた。

「お前らレズ？」

当時、レズという言葉を知らなかった僕は、男の子のにやついた顔の意味がわからなかった。

「レズってなに？」

相手の女の子に無邪気《むじゃき》に訊《き》いた。

「そういうことは、訊かないほうがいいよ」

女の子は困ったような顔をして答えた。このとき悟《さと》った。

「レズってのは何かいけないことなんだ。それはみんなに嫌われることだから、隠しておかなきゃいけないんだ」

これがすべての始まりだった。

「僕が女の子を好きになるのは、変なことなんだ」

と、思い込みを抱いた瞬間だった。

この日以来、僕は二十年近く女の子が好きという自分の素《す》の姿を隠して生きることになった。つまりだな、クソガキ（おっと失礼）が何げなく口にした一言で、僕は跳べないノミになってしまったのである。

「あなたは血液型がA型だから、神経質なのね」

と言われて神経質に育った人が、実はO型だったという話をどこかで聞いたことがある。嘘か本当かに関係なく、言葉になったものが事実になるのだから、言葉というのは実に恐ろしいものだ。

今さらこの男の子を責《せ》める気はない。そんなことをしても仕方ないし、彼を探し出すほど暇でもない。それにこのひとつの例をあげて、同性愛に対する差別うんぬんと批判するつもりもない。世の中というものは他の人と違う人間を奇異な目で見たり、笑ったり、嫌ったりすることがある。マジョリティはマイノリティを変な人という目で見る傾向がある。そういうものなのだ。

だからといって多数派に鞍替《くらが》えする必要などまったくない。断言しておく。世の中の多くの人間が選ぶ生き方をしなくちゃいけないなんてことはないのだ。独自の道を進んでいい。無理に周りに合わせる必要なんて微塵《みじん》もない。マジョリティの考え方を押しつけられるのが嫌ならば、嫌だと言って闘えばいいだけのことだ。

今ならわかるこんな簡単なことが、当時の僕にはわからなかった。他の人と違うのはいけないことだと思い込んでしまったので、他の人と同じ振りをした。そうしてみんなと同じであろうとするあまり、自分自身を肯定するどころか否定して、周りの人間の顔色を窺《うかが》って怯《おび》えるようにして生きるようになったのだ。

つまり思い込みによって、周りの目を気にして生きるつまらない人間になってしまったのである。

▼男を殺すのは楽じゃない

「船頭《せんどう》殺すに刃物はいらぬ　雨の十日も降ればよい」

という都々逸《どどいつ》があるが、僕が男の自分を殺すのは雨や槍が降るぐらいじゃ効果がなくて、そりゃもう大変だったらしい。なぜ「らしい」という推定の助詞を使うかというと、僕は覚えていないのだけれど、親の証言によれば、物心がつく以前から四苦八苦していたそうだからだ。

幼稚園ではケンカで男の子をぶん殴って、親が呼び出しをくらったことがあるらしい。七五三のときには赤い女の子の着物を着るのを極度に嫌がり、家じゅうを逃げまわったり暴れまわったりしたそうだ。雛《ひな》人形を買うために親に連れて行かれたお店で、

「こっちのほうがいいー」

と、兜《かぶと》人形の前で駄々をこねたことは、今でも語りぐさになっている。

幸いなことに、雛人形は僕の徹底抗戦のかいあって親がおれたらしい。人形は買わずにちょっと豪華な食事をして帰ったそうだ。どうせなら兜人形を買ってくれればよかったのに。

小学校にあがってからは、自分でもよく覚えている。まず、赤いランドセルが嫌だった。だいたい何なんだ、あのダサイ色は。ダサイという言葉を今どき使う僕もダサイが。いったいどんな服を着て、あのペンキを塗ったようなバカ真紅の鞄を背負えばいいというのだ。センスの欠片《かけら》もないではないか。ファッションセンスの上からも堪《た》えられない代物だったが、なにより他の男の子がみんな黒いランドセルを持っているのに、僕だけ赤だったことがたまらなく恥ずかしくて嫌だった。

「壊れれば使わなくてすむ」

と思ってやたらと手荒い扱いをしたこともある。が、ランドセルというのは無情にも非常に丈夫にできていて、結局六年間壊れることはなかった。

その頃の遊びといえば、近所の男の子たちと野球をしたり、メンコをしたり、近所の林で蝉《せみ》やカブト虫を捕ったり、おもちゃのピストルを持って原っぱを駆けまわったりしていた。

そんなふうに男の子と遊んでいても、小学校の低学年ぐらいまでは何も周りから言われることはなかった。けれど三年生ぐらいになってからは、

「女の子のくせに」

と、友だちからも、周りの大人からも言われるようになった。そんなことを言われたら遊びづらくなるのが当たり前だわな。当然のように、だんだんと男の子と遊ぶ回数が減っていった。高学年になるころには女らしさの欠片もない服装と、言葉遣いの荒さから「オカマ」と指をさされるようになり、誰とも遊んだり話したりしなくなった。その代わりといってはなんだが、その頃、男の子と取っ組み合いのケンカばかりしていた。

今思えば遊び盛りに遊べない苛立《いらだ》ちと、自分は男なのに「男っぽい女」として見られていたのが嫌で、フラストレーションがたまっていたのだろう。

こうして男である自分と、自分を女として見る周りとの軋轢《あつれき》はどんどん大きくなっていったのである。

そして僕は周りの圧力に負け、自分らしく生きることを放棄してしまった。自分らしく男として生きるのではなく、周りに合わせて波風立たせないように女の振りをすることにしたのだ。自分では意識していなかったけど、結果としてそう生きる道を選んだのだ。この選択が僕を卑怯《ひきょう》で嫌な人間にさせることになると気づいたのは、それからずっと後になってからのことだ。

出る杭は打たれるというけれど、十人十色が口先だけのこの国で、マジョリティの圧力に負けないのは本当に大変なことである。当時の自分に伝えることはできないが、もしも今、誰かが昔の僕のように生きているのであれば伝えたい。

「自分を周りに合わせる必要はない。

周りが自分に合わせる必要もない。

みんな一人ひとり違っていい」

つまりだな、早い話が、

「他人と違うことなんか気にすんな」

ということだ。

▼渡る世間は敵ばかり

「たとえ君が世界を敵にまわしても、僕だけは君の味方だよ」

こんな納豆よりも臭《くさ》い台詞を男が女に言ったとたん、女が機動隊（？）に囲まれて、男が狼狽《うろた》えるというCMがあった（うろ覚えなので、正確じゃないかもしれない）。

世界を敵にまわすなんてことはあり得ないからこのCMは笑えるのだが、僕の場合は本当に世界中が敵だった。

敵の住処《すみか》はまずは学校だった。友だちがいなくなったことは先に述べた通りだが、それだけならまだしも授業までもが、

「ふざけるなよ」

と悪態《あくたい》をつきたくなるぐらいひどかったのだ。

学校で配られるファイルは男子がブルーで女子はピンク。なんでだよ。

「ブルーが欲しい」

担任の教師に訴えたら、理由も訊かれずに速攻で却下された（少しは生徒の話に耳を傾けましょうね、先生）。

授業中に二人の女の子が仲よさそうにしゃべってたら、教師がこんなふうに注意したこともある。

「お前らモーホ（ホモを逆さにした言葉）か、きもち悪い」

ワイドショーのレポーター顔負けの下品な顔した教師のほうが、僕にはよっぽどきもち悪かった。周りの生徒は笑っていたけれど、僕は吐き気がするほどムカムカしたね。そういえば社会科の教師は、

「男の子は女の子と、女の子は男の子と手をつなぎたくなるのです」

と断言していたぞ。この程度の認識で、よくまあ社会科を担当できたもんだ。この教師が本当に社会を理解していたかどうか、はなはだ疑わしいと言わざるを得ない。

このように学校は、僕の存在を無視する出来事のオンパレードだった。あの頃の屈辱《くつじょく》を忘れることができない。

学校は僕の知りたかったことはひとつも教えてくれなかったね。それどころか自分を否定するような情報ばかりを教え込まれた。男女のカップルがこの世で唯一の正しい姿で、それ以外は蔑《さげす》んでもかまわないものなのだと教え込まれたんだから。男女の枠におさまりきれないでいた僕にとって、学校は自己否定のシャワー室だった。男か女であることを当たり前のものと見なし、それ以外のものを排除する学校教育と、ナチスの思想は何が違うというのだ。僕は学校で心を殺された。

男は男らしく、女は女らしく、恋は男女で……じゃかーしわいっ！「自分らしく生きていい」と一言も教えてくれなかった学校を今でも恨《うら》んでいる。三つ子の魂《たましい》百までとはこのことだ。僕に見えない天井を被せた人たちを、思い込みを植え付けた者たちを、僕はこの先一生許さないだろう。

しかし、上には上がいるものだ。いまだに恨み続けている学校よりも、すごいものがあったのだ。それはテレビだ。

テレビは同性愛をお笑いのネタとして取り扱う傾向が強い。ちょっとワイルドでセクシーな男性芸能人はホモだと噂《うわさ》され、二人の女性タレントの仲がよければレズの疑いをかけられる。物腰のやわらかな男性タレントは、オカマ呼ばわりされてからかわれる。ええかげんにせえよ、と僕は叫びたいね。テレビは同性愛を笑いものにしてかまわないもの、蔑んでかまわないものという情報を繰り返し流すことで、世の中をそういう方向に引っ張っているんだから。これはものすごい罪だよ。僕に言わせりゃ、自分の手は汚さずに部下に殺しの実行犯を押しつける悪の親玉みたいなもんだ。予想される反論には前もって反論しておくけど、

「テレビ番組に影響されるほど視聴者はバカじゃない」

なんてどこかの評論家が言うのは嘘だからね。視聴者がバカかどうかは知らないが、テレビに影響されることは確かだ。

いつだったかテレビの討論番組で、出演者の誰かが、

「息子がゲイなら殺す」

と息巻いたのがあった。そしたら次の日にその放送を観た友だちが、

「あの番組はおもしろかったねえ」

なんて言っててさ。

「おもしろかねえよ!」

僕は心の中で激怒した。殺しがおもしろい? それはテレビがつくり上げたおもしろさでしょ。テレビが流したメッセージでしょ。視聴者はテレビに影響されている。

そのテレビで何よりショックだったのは、ワイドショーか何かでゲイが取り上げられたときだった。どんな内容かは覚えてないけれど、それを見た母親が笑ったんだよ。

「こういう人たちって、偽装結婚したりするんだってよ。嫌ねえ」

それは明らかに軽蔑《けいべつ》した口調だった。男好きな男を笑う母親は、女好きな僕のことも笑うんだろうなあと思ったね。そのとき部屋には母親と二人でいたけれど、僕は気持ち的には独りぼっちだった。

こんなふうに家でも学校でも、自分に対するネガティブな情報ばかり与えられたら、友だちも教師もテレビも親も、誰ひとりとして信用しなくなるのは当たり前だわな。

周りの環境がつくった思い込みの罠《わな》にずぶずぶとはまっていった僕には、世界が敵に見えるようになった。

子どもの頃は、学校と家ぐらいしか自分の居場所がない。だからそこで嫌な目に遭《あ》うと、世の中が全部敵に見えたりする。広い世界を教えてくれるはずのテレビがそれに加担すれば、なおさらのこと。自分が関わっている世界が狭かったり、小さかったりすると、他の人とちょっと違う子は、すぐに居場所がなくなってしまうのである。もしもあのとき、自分で新しい世界をつくっていれば、世界が敵に見えることはなかったかもしれない。

地域の野球クラブに参加してみてもよかったし、自分で小さなサークルをつくるという手もあった。授業が嫌なら保健室に通ってもよかった。今ならインターネットで自分と同じ仲間を探すこともできるな。本音を語れるメル友をつくるって手もある。とにかく、いろんな手段を使って自分の世界を広く持っていれば、世界が敵だなんて思い込みはしないですんだはずだ。それがあのときの自分にできなかったことが残念だ。あのとき、自分からなんとかして変わるべきだった。

勘違いしてほしくないんだけれど、テレビとか学校で繰り広げられるマイノリティへの差別を放っておいていいなんて思っていない。それどころか「ええかげんにしろよ」と言いたいくらいだ。けれど世界に変わってほしいと思うのならば、まずは自分から変わらなきゃ。

「世の中は変わる必要がある。けれど自分は変わらなくていい」

なんてちょっと虫がよすぎるじゃん？

それまで自分のやってきたことや考え方を変えるってのは、誰にだって心地《ここち》良いことなんかじゃない。だから人に変われと言うのであれば、自分も変わらなきゃ。誰かに嫌なことを押しつけておいて、自分だけ笑って暮らして知らん顔してるんじゃあ、ゲイを笑い者にするヤツらと同じだもん。

テレビと教師に怒り続けたり、友人や親の言葉に傷ついて嘆《なげ》き続けているだけでは世の中は変わらない。変わらない世の中を変えたければ、まずは変わらない自分を変えなきゃね。

なんて偉そうに書いてる僕は変わったのかと問われれば、偉くはないけどちょっとは変わったと思うと答えたい。憎しみを原動力にしてこの本を書くことで、黙っていることをやめたから。黙るのをやめて、「自分らしく生きていい」ってメッセージを発信することにしたから。誰も言わないなら、僕が言ってやろうと思ったから、恨んでばかりいる自分を変えてみたのだ。

といっても恨みをきれいさっぱり廃棄処分したわけじゃないよ。恨むことはやめられそうにないから、その他の部分で変わってみたというだけのこと。ただそれだけのことだ。でも世の中に変わることを正々堂々と要求したいのなら、どんなに小さくてもいいから、まずは自分から変わる必要があると思う。

▼嘘がどんどんうまくなる

ジャッキー・チェンがはじまりだった。といっても何のことかわかるまい(自慢してどうする)。

小学六年生のときに、家庭訪問があった。学校の先生が自宅を訪ねてくるというアレである。そのとき、僕は何を血迷ったか、先生が来る前に本屋でジャッキー・チェンの写真集を買い、急いで全ページをバラバラにして、自分の部屋にベタベタと張り付けたのである。あのころのジャッキー・チェンは人気があった。カンフー映画で活躍していたし、歌も歌ったりしていたぞ。けれど僕は彼のファンじゃなかった。ファンでないどころか、小指の先ほどの興味もなかった。

ではなぜ部屋にポスターを張りまくったのかというとだな、男のアイドルが好きな振りをするためだ。ジャッキーは男らしい肉体をしていたので、そのポスターで部屋を埋め尽くせば、まさか教師に女好きとは思われまいと考えたのである。

けれど当時、僕には写真やポスターを壁に張る習慣がなかった。つまりジャッキー以前に、女性タレントの写真やポスターなんて一枚もなかったのである。だから教師が来て部屋に入ったとしても、僕の女好きを示す証拠はなかったのだ。それなのにわざわざジャッキー・チェン……なんと無意味な虚《むな》しい努力だったのだろう。冷静に考えればわかることなのだが、当時の僕は冷静な判断力をなくしていたんですね。ちなみにポスターは教師が帰った後、すぐに剥《は》がして捨てただよ。

このジャッキー事件を皮切りに、男である自分をうまく隠して、女の子たちと話すようになった。中学高校と、僕は女の子の振りをしてすごした。

女子中高生と恋愛の話は切っても切り離せない。どうして彼女たちは円周率を三十桁覚えたり、じゅげむじゅげむごこうのすりきれ（以下略）を僕のように暗記したりしないのであろう（普通はそんなことしないか）。

女の子と話していると、必ず恋愛話になる。好きな男性アイドルのことから、クラスで誰が一番カッコイイかといった話題で盛り上がる彼女たちが怖かった。だって話を振られたら困るからね。僕は女の子が好きなんだから。

「誰が好き?」

女の子にこう訊かれたら、

「キミ」と答える勇気はなかったので、

「好きな人はいない」

と、バカの一つ覚えのように繰り返していたもんだ(もしかしたら本当にバカだったのかもしれない)。が、そんな清廉潔白な回答を女の子たちが許してくれるはずがなかった。

中学のとき、僕はいつの間にかバスケット部の部長の男の子に片想《かたおも》いしていることになっていた。僕は同じバスケット部の女子(!)の部長をしていたので、噂になりやすい環境だったらしい。部長どうしが話すのなんて当たり前だと思うのだが、相手の男の子がわりと人気があったため、片想いしていることにされてしまったのだ。

「男なんかに興味あるわけねえだろ」

とは言えなかった。そんなことを言ったら、また小学生のときのようにレズビアンと呼ばれるのではないかと思った。そう呼ばれるのは嫌だったので黙っておいた。腹の中ではうんざりしていたけれど、その男の子との噂を決して強くは否定しなかった。理由は二つある。

一つは、否定すればするほどその男の子のことを本当に好きと思われてしまう恐れがあったため。もう一つは、人気者の男を嫌うことで男嫌いがばれて、女好きであることが知られてしまうことが怖かったためだ。

女の子たちと話をするたびに、嘘をつかなければいけなかった。なぜなら女の子は恋愛の話を毎日するからだ。僕は日に日に嘘をつくのがうまくなっていった。どんなことでも繰り返しやれば上達するからね。できればこの習慣を嘘をつくことではなく、受験勉強に活かしたかったものである。今さら後悔しても遅いけど。

初めて恋をしたのは（と書き出すあたり、実は僕は恋の話が好きである。男だって恋の話が好きでもいいじゃないか）、高校のときだ。別にこだわっているわけではないけれど、バスケット部の女の子が好きだった。高校の三年間で、二、三人の女の子を好きになったけど、告白できるはずなどなく、ずっと片想いを貫き通した。

片想いのつらさは誰でも経験したことがあるだろう。けれど、勇気がないからでもなく、振られるのが嫌だからでもなく、レズビアンと思われるのが怖くて告白できなかった人は少ないはずだ。べつにレズビアンを悪く思っているわけじゃない。ただ、僕にとってレズビアンは、男の自分を完全に否定することになるので、どうしてもそう思われたくなかったのだ。

高校になってからは好きな人のことを訊かれたら、「彼女」を「彼」に置き換えて話すようになった。この嘘がばれたことは一度もなかった。なぜなら「彼」らはみんな、背が高かったからだ。実を言うと今でもそうなのだが、僕は背の高い女性に惹《ひ》かれる傾向がある。ちなみに現在惚《ほ》れている女性は……なんてことを素直に書くと、この本が出版される頃には別の人に惚れている可能性が大なので伏せておきやす。

「彼女」を「彼」に置き換えて語ることで、女の子たちに交じって、表向きは普通に恋愛の話をすることができるようになった。恋の話が大好きな女の子たちと話をすることで、中学、高校を通して毎日のように嘘をつき続けた僕は、本当に嘘が上手になった。こうして嘘をつく技を身につけた僕がなくしたものは、自分に対する自信だった。

「嘘をつかなきゃいけない僕は、なんの価値もない人間だ」

長い年月をかけて、本来の自分とはほど遠い、外面を嘘で塗り固めた偽物のいい子ちゃんになっていったのである。

人の目を気にして生きるというのは、そういうことなのだ。

俺には関係ねえ!

「こんなのは俺じゃない」

「お前らに俺の何がわかるんだ」

外面を嘘で完全武装した僕は、自分に近寄ってくるものすべてに苛立つようになった。決して内面を見せないことを処世術にして、自分との距離を縮めようとする相手を避けた。本音を語ったり、本気になることもしなかった。本性がばれるのが怖かったからね。

そうしているうちに、何ごとにも中途半端にしか関わらなくなっていった。

先ほどお話ししたように、中学のときはバスケット部の部長をしていたのだが（さりげなく自慢）、メンバーをまとめようなんて気はさらさらなかった。自分が練習さえちゃんとしていればいいと思ってた。自分だけがうまくなればよかった。部が強くなることなんて僕には関係なかったし、ましてや部員や後輩の悩みなんか知ったこっちゃなかった。なにしろ「本当の俺」じゃなかったので、何が起きても僕には関係ないと思ってた。

いじめか何かで僕にすがるように泣きついてきた後輩に、僕は陰湿な言葉でその子を余計にへこませた記憶がある。自分が何を言ったのかは覚えていないけれど、あのときのその子の顔はしっかりと頭の中に残像として焼き付いている。頭を撫《な》でてくれると信じていた飼い主に棄《す》てられた子犬のような顔だった。その子に会うチャンスはもう二度となく、謝る機会は永遠に来ないだろう。自分には関係ないと思っていた後輩の苦痛を、まったく違う形で一生背負うことになるとは思ってなかったよ。

高校のときも同じだった。高校では剣道部の副部長になったが（再びさりげなく自慢）、やっぱり自分さえ強くなれればよかった。剣道はバスケットよりも個人の能力が問われるスポーツなので、なおさら他人は関係なかった。実際、剣道部のみんなが「チーム一丸となってガンバロウ！」などと言い出したときには、僕は部活を辞めさせてほしいと願い出た。

「なにがみんなでガンバロウじゃ、アホらしい。俺のことなんて何も知らんくせに、仲間面《づら》すな、ボケッ！」

という気持ちだった（こんなことを考えるほど、本当に嫌なヤツだったんですよ）。

断っておくけど、性同一性障害や同性愛の人がみんな僕みたいな腹黒い嫌な野郎になるわけじゃないし、僕のようにジョージ・クルーニーみたいな男前になるわけでもないよ。

「他人なんて関係ない」

という無関心野郎になったのは、あくまでも僕がそういう生き方を選んだからだ。これは僕個人の話であるので、性同一性障害の人たち全員に話を当てはめるような勘違いはしないでほしい。ちなみに僕がジョージ・クルーニーみたいになったのは、僕の視力が悪かったからだろう。

「俺がこんな嫌な野郎になったのは、環境が悪かったからだ」

などとほざくのは簡単である。けれど違う。自分に都合の悪いことや、自分が気に入らないことから逃げていただけなのだ。他の人と違うことを許そうとしない環境がまったく影響しなかったとは言わない。けれど環境が悪いことより、環境に居心地の悪さを感じていたにもかかわらず、問題から目をそらし続けたことのほうが、人格形成に与えた影響は大きかったのである。

跳んで頭を天井にぶつけたノミは、高く跳ばない方法を考えるより、低い天井をぶち壊す方法を考えたほうがいい。

考え方ひとつで生き方は変わる。

こんな簡単なことに気づくのが遅かったため、僕は人生最大のミスを犯すことになったのだ。問題に気づきながらもそれを解決しようと努力しなかったツケは大きかった。

僕が犯した人生最大のミスとはなんなのかを次から説明したいと思う。

▼僕が女子短大に入った理由《わけ》

勘違いする人がいると困るので念のために断っておくが、僕がこれまでに犯した人生最大のミスは、木村拓哉のような美形に生まれきてしまったことでも、豊川悦司のようなミステリアスな男になったことでも、ジョージ・クルーニーのような無邪気な少年の心を持った憎めない大人になってしまったことでもない。僕が犯した最大のミスは女子短大に入学したことだ。そうである。僕はなんと、女子短大卒の学歴を持つ男なのだ。

本当に勘違いする人がいると困るのできちんと断っておくが、短大に入ったのは別に更衣室を覗《のぞ》きたかったわけでも、ハーレムを体験したかったわけでも、女装したかったわけでもない。エッチな妄想の虜《とりこ》になっていたわけじゃないんだ。本当に違うぞ。違うってば！

女装で思い出したけど、僕はスカートというものを一着も持っていない。そんなものは履《は》いたこともない……と断言したいところだが、残念ながら履いたことはある。男なのにスカートを着たことがあるなんて、俺はスコットランド人か!? と自分で自分に突っ込みをいれたくなってしまう。まったくもって、人生ミスだらけだ。

いったいいつスカートを履いていたかというとだな、中学と高校のときだ。もちろん私服じゃなくて制服で。内申書という名の脅迫状を握っている先生や学校という権力に逆らうほど、僕はバカじゃなかったからね。言い方を換えればそんなことをする勇気がなかったとも言える。けれど、ちょっと想像してほしい。制服を着ないで私服で強引に登校したり、一日じゅう体操着で過ごすことができるのは、テレビドラマの中の主人公だけだと思わない？いや、実際にそういう猛者《もさ》はいるかもしれない。けれど性同一性障害である人間が必ずしも勇敢だとは限らないんだ。勇敢なのもいれば、弱いのもいる。そんなの当たり前でしょ。

でもテレビはわかりやすい物語が好きだから、心に何か抱え込んでいる人間を史上最強の猛者か、劣悪な条件がロイヤルストレートフラッシュに並んだ弱者扱いする傾向がある。本当はわかりにくい複雑な話を、なんとなくわかったような気持ちにさせてくれるのがテレビだ。だからそんなものに騙《だま》されちゃいけないよ、なんてことは言わないけれど、話半分から十分の一程度に聞いていたほうがいいと思う。テレビが取り上げるのはいつでも極端な例だから。

いつの間にか短大の話からテレビの話になってしまった。軌道を元に戻そう。僕は共学の四年制大学に行きたかったんだけど、行けなかった。そして男子禁制の女子短大に入った。男の僕が女子短大に進んだ理由は二つある。

まず、お金がなかった。なんとも身も蓋《ふた》もない話ではあるが、本当のことだから仕方ない。わが家は、いわゆる貧乏ではなかったかもしれないけれど、金持ちじゃなかったことだけは確かだ。親の年収と子どもの大学進学率が比例することは今さら言うまでもないだろう。もちろんお金と大学の関係は、親にばかり責任があるわけじゃなくて、親のすねをかじっていた僕にもある。その気になれば奨学金を申請することや、自分で働いて授業料の一部を稼ぐことはできたはずだもんね。だから今振り返ってみれば四年制大学に行くお金がなかったのは、決して親のせいだけじゃない。細い親のすねを骨までしゃぶりつくしていた僕自身にも問題があったと言わなければならないだろう。僕はもう、自分の落ち度に気づけなかった十八歳の青臭いガキじゃないからね。

それまで何不自由なく生活していた僕が、大学に進学するお金がないという事実に直面し

て誓ったことがある。それは、

「将来、誰かの経済力に依存して生きることだけは、絶対にやめよう」

ということだ。誰かのお金に頼って生きていたら、自分の夢を諦《あきら》めなくちゃいけなくなるってことを思い知らされたからね。ガキの僕でもそれぐらいのことに気づくことはできたってことだ。


短大に行った二つ目の理由は、親の男女差別のせいだ。差別って言葉が重すぎるならセクハラと言ってもいい。呼び名なんてどうでもいいんだ。そんなもんは勝手に決めてくれ。

「女の子が大学に行ったら就職できなくなる」


これは本当に親が言った台詞である。一九八六年に男女雇用機会均等法という（ザル）法が施行された二年後の発言だから、時代錯誤《さくご》もはなはだしいなんて軽々しくは言えないね。むしろ、当時の社会の男女差別意識を親も同じように持っていたと指摘するほうが正しいだろう。法律ができたところで、性役割の意識はそう簡単には変わらなかったということだ。

「これからは女も大学に行かなきゃ、やりたい仕事をやれない時代が来るんだ」


僕は必死に訴えてみたのだけれど、必死すぎて冷静になるのを忘れていたので、それを感情ではなく論理で説明できなかった。ましてや自分が男だということを説明することはできなかった。こうして僕は結局、短大に行くことにした。誰かに依存して生活することだけはしたくなかったし、少しでも勉強して、少しでもいい会社で働きたかったからだ。

今となっては「いい大学に行けば、いい就職ができる」なんて無邪気な神話を信じる者は救われないが、当時は「世紀末に空から大魔王が降りてくる」というノストラダムスの予言よりは、はるかに信憑性《しんぴょうせい》のある神話だった。信憑性のある神話というのは言葉が矛盾しているようだけど、矛盾しない人生を送ることができている人などいるのだろうか。上司の陰口をたたきながらも、毎日会社で上司の機嫌を取っていたり、学校なんてつまらないと思いながらも、毎朝制服を着て登校してしまうなんてことは日常茶飯だろう。タバコは健康に害だと知りながらもやめられないのも、同じ理由で酒をやめられないのも矛盾している。恋愛経験が豊富なくせして、一生添い遂げると宣言して結婚するにいたっては、矛盾を通り越して詐欺だ。

「わたしは矛盾する生き方などしていない」

なんて断言できる人がもしもいるならば、そんなことは他人に自慢するものじゃない。矛盾せずに生きられるほど恵まれた環境にいただけだ。それは自慢することじゃなくて、そういう環境をつくってくれた周りの誰かに感謝すべきことだろう。恵まれた環境にいたわけじゃなく、矛盾せずに生きてきたと言うのであれば、それは矛盾に気づけないほど己の欲望に不誠実だっただけだろう。どっちにしろ、誰かに自慢できる類《たぐい》のものじゃないね。

こうして僕は男なのに女子短大に行くという矛盾した人生を歩むことになったのである。もちろん、自慢しているわけじゃないよ。

▼女子短大に入学した男はバラ色の夢を見るか

ちょっと新聞のテレビ欄を見てほしい。放送では、体つき以外は僕にそっくりな木村拓哉や豊川悦司やジョージ・クルーニーが、美女とラブストーリーを繰り広げているだろう。手元にある雑誌をめくって占いのページを開けば、そこには必ず恋愛運が載っていて、男なら女への、女なら男への効果的なアプローチ方法が書かれているはずだ。

街を歩けば探すまでもなく、手をつないで歩く男と女がすぐ見つかるし、家には愛し合っている（もしくはかつて愛し合っていたはずの）両親がいるだろう。何かの事情で親がいないこともあるかもしれないけれど（もしそういう人がこれを読んでつらくなったとしたらゴメン）。

このように、家でも街でもどこにでも、男と女のカップルは存在している。男と女の恋愛ならば、手本はどこにでも転がっているというわけだ。けれど性同一性障害や同性愛者にとっては、恋愛の手本は探さなければ見つからない。こういう人のカップルがテレビで取り上げられる場合は、教育的指導色のあるちょっと硬めの話だったり、ただのお笑いのネタだったり、ルポとは名ばかりの興味本位につくられたワイドショーネタだったりするから、手頃な見本にならないことは言うまでもないだろう。

短大時代の僕には恋愛の見本がなかった。もちろん小中高校生のときだって見本はなかったのだけれど、その頃の恋愛は恋であって愛じゃなかったので問題なかった。恋はあんなことがしたい、こんなことがしたいという欲望なので、見本なんてなくても一人で勝手に盛り上がれる。でも愛はそうじゃない。愛は自分と相手との間に生まれる感情のことだから、一人で勝手に盛り上がることはできない。愛にはコミュニケーション能力が必要なのだ。コミュニケーション能力を高めるためには、ある程度の見本が必要になる。見本なしでうまくなることはない。いくら本を読んでイメージトレーニングしたところでスキーがうまくならないのと同じだ。上手に滑る人を見て、それを真似してやってみることではじめてスキーは上達する。恋愛もそれと同じように、自分でやってみる以前に、まずは見本が必要となるのだ。

短大時代に僕の周りには、男と女のセックスの話があふれていた。彼と寝ただの、途中でコンドームが外れただの、処女じゃないことを彼に打ち明けていないのだけれどどうしようだの、僕にとってはどうでもいい話を周りの女の子たちは目に星をちりばめながら話していた。話の中身は面白かったけど、男と女のセックスなんて僕にとっては恋愛の見本にならない最たるものだった。

さてここで問題です。恋愛の見本がまったくない世界で過ごすと、人はいったいどうなるでしょう。

正解は、「恋愛なんてどうでもよくなる」のですよ。もちろん、僕がそう思っただけなので、他の人が同じ環境に陥ったらどうなるのかはわからないけどね。僕にとっては本当に恋愛なんてどうでもよくなった。なくてもかまわないという消極的な態度ではなく、意識すらしなかった。例えるとするなら、幽霊が見えない人にとっては幽霊なんていないのと一緒でしょ？　それと同じ。あの頃の僕にとって恋愛は幽霊と同じで、端《はな》からないものだった。

だから「短大時代はおいしいコトいっぱいしたんでしょ」とか、その逆に「片想いばかりでつらかったでしょ」なんて訊かれても困るのだ。幽霊なんて信じていない人に向かって「幽霊と友だちになれてよかったね」とか「幽霊に脅かされて大変だったでしょ」なんて言っても意味がないのと同じだ。

短大で周りの女の子たちが恋愛やセックスをしていたとき、僕はいったい何をしていたかと言えば、勉強をやりまくっていた。優等生ぶってるわけじゃなくて、優等生だったのだ。つまり、「優秀だが面白味に欠け、融通のきかない人」という広辞苑の意味そのままの人間だったということだ。はっきり言って、勉強バカである。自分が勉強バカだということは意識していた。けれども勉強をやめようとは思わなかったし、事実やめなかった。四年制大学に行けなかったことがコンプレックスになっていたことと、周りの女の子たちには何ひとつ共感できることがなかった僕は、成績を上げることでしか自分の存在意義を確認できなかったのだ。

男遊びはもちろん、女遊びひとつしないで僕は、短大でのすべての時間を勉強に費《つい》やした。自分で言うのもなんだけど、つまらねえ二年間を過ごしちまったと思う。けれどそのおかげで成績優秀となった僕は簡単な性格テストだけ（面接なし！）で大手の会社に職を得ることができた。今となっては考えられない話だが、僕が卒業した年はバブルがはじける直前だったので、こんな嘘みたいな本当の経験ができたのだ。在学中はバラ色の夢は見られなかったけど、卒業するときにバラを手にしたってとこかな。転んでもただじゃ起きないってのは、ひょっとしたら僕のためにある言葉なのかもしれない。

▼透明人間は更衣室で何してるのか？

男友だちに、僕が女子短大に行っていたと言うと、

「羨《うらや》ましい！」

という台詞が返ってくることが多い。台詞のバリエーションとしては、「それって更衣室、覗き放題ってことだろ？　ラッキーじゃん」とか、「男なのに女湯に入れるんでしょ？　俺も入りてーっ！」とかがある。それぞれ言葉は違うが、台詞の裏に見える思考パターンはど

れも一緒だ。要するに「俺も透明人間だったら、エッチなことしまくりたい」という節操《せっそう》のない下半身思想だね。

僕が思うに、これは透明人間になったことのない人間の妄想だ。なんて言うと、

「じゃあお前は透明人間になったことがあるのか？」

という反論が予測されるが、はっきり言っておこう。僕は透明人間だったのだ。別に世にも不思議な話をしているわけじゃないし、この壺を買えばあなたも透明人間になれますというあやしい話をするつもりもない。同性愛や性同一性障害の人には、まじめな話、透明人間が多い。

同性を好きということや、心と体の性別が違っているという事実は、その人が口に出して言わなければ周りの人にはわからない。キン肉マン（例えが古くてゴメンよ）の額《ひたい》に「肉」と刻まれているみたいに、「同性愛」とか「性同一性障害」と書いてあるわけじゃないからだ。たまに「男のゲイは見た目でわかる」と断言する人がいるけれど、察しをつけた人に「あなたはゲイですよね？」と、いちいち確認でもしているのだろうか。まさかそんなことはできないと思うので、相手をゲイだと断言するのはいくらなんでも言い過ぎだろう。

透明人間でいる状態のことを、つまり自分の性的指向のことを故意に隠して生活することを「クローゼット」と言う。押入れに隠れているイメージなのだが、カミングアウトの反対語だと考えてもらえればわかりやすいだろう。クローゼットという言葉ができるほど、同性

愛や性同一性障害には透明人間が多いということだ。実際に僕自身もかつてはクローゼットだったし、友人のレズビアンや性同一性障害たちに聞いてみたところ、そのほとんどにクローゼットの経験があった。もちろん今現在もクローゼットで居続けている人も少なくない。

どうして同性愛や性同一性障害の多くが透明人間だった経験があるのかというと、僕の話を思い出してほしい。ゲイをお笑いの対象として扱うテレビ、それを見て笑う親、友だち。学校や家庭で繰り返される、無意識の差別と侮蔑《ぶべつ》。ネガティブな情報に囲まれているなかで、自ら名乗り出ることは、腹を空《す》かせたピラニアがうようよしている川に、血塗《ちまみ》れで飛び込むようなものである。危険極まりないというか、はっきり言ってそんなのは自殺行為だ。同性愛や性同一性障害の人が透明人間になるのは、自ら透明になりたいと望んだわけではなく、透明にならざるを得ないからなのだ。

電車の中で足を踏まれて謝られた経験は誰にでもあるだろう。誰にでもあるこんな経験が透明人間にはない。どういうことかというと、透明人間はなんせ透明なのだから、足を踏んだ当人が透明人間の足を踏んだことに気づかないので、謝ってもらえないのだ。それに腹を立てて、もしも透明人間が足を踏まれたことに抗議すれば、その瞬間から透明人間は透明ではいられなくなる。つまり同性愛や性同一性障害の人は、変な人呼ばわりされたくなければ、日常的に繰り返される差別と侮蔑という足の踏みつけに耐えて、透明人間で居続けなければいけないということだ。「ゲイって気持ち悪いよね」とか「性同一性障害の人ってかわいそうなヤツらだな」などという言葉にカチンときて怒ったりしたら、透明人間ではいられなくなってしまう。透明人間は、不快なことをされても抗議できないのだ。

足を踏まれても文句ひとつ言うことのできない、透明人間の悲しみを考えたことがあるかい？

僕が女子更衣室で、ウッシッシッと下品でニヤけた顔をしていると思ったら大間違いだ。少なくとも僕は透明人間だった過去も、カミングアウトをするようになった現在でも、更衣室では自分の身体を見られないようにするのが精一杯だ。周りで着替えている女性なんか気にしている暇はない。なんて書いても信じない人は信じないだろうけどね。まあ、そういう人には更衣室から出ていってもらいましょう。透明人間が更衣室にいるのが嫌なら、嫌だと思う側が出ていけばいいのだから。断っておくけど僕は出ていかないからね。足を踏まれた上に自らおめおめと出ていくほど、僕はお人好しじゃないから。

▼人はなぜ銭湯にこだわるのか

「女湯に入るの？　それとも男湯？」

これもよく訊かれる質問なんだけど、なんか生活感のない質問だよね。だってさ、銭湯なんて一年にいったい何回入るんだよ？　そんなに銭湯にこだわるなんて、お前は風呂屋かそれとも湯婆婆（ゆばーば）かって訊きたいわ。

そもそも、そんなもん体に合わせて女湯に入るに決まってるじゃねえか。女体で男湯に入ってどうすんだ？

「心が男なんだから、女湯に入るのは犯罪じゃん」

なんて言うのがたまにいるんだよなあ。あのですね、女体の者が男湯に入るのが犯罪なんですよ、日本では。

「心が男なんだから、女湯に入るなんてエッチじゃん」

なんて言い出すのも、これまたいるんだよなあ。そう言うときにエッチなことを考えているのは、僕じゃなくてあんたのほうじゃんっつーの。文句があるなら、女体の人は男湯に入ってから言ってくれ。レイプされても、わしゃ知らんぞ。男体の人は女湯に入ってから言ってくれ。警察に捕まっても僕は一切関知しない。なお、この本は自動的に消滅する。しゅわわわわわぁぁぁ……。

とはいっても実はこれまでに一度だけ、銭湯じゃないけれど、某スポーツクラブの更衣室でキレイな女性に目を奪われたことがある。彼女は「どこのモデルだろう？」と思わずにはいられないプロポーションで、例えて言うならコカ・コーラの宣伝に出てきそうな女性だった。無駄な贅肉《ぜいにく》がなく痩せていて、それでいて美を表現するだけの研《と》ぎ澄《す》まされた筋肉を持っていた。そしてなにより彼女は全身から自信という名のオーラを放っていたのだ。彼女の近くで着替えながら、欲情はしなかったけれど、目のやり場に困ったことは確かだ。

「やっぱりエッチなことを考えてるんじゃん！」

と怒られそうな気がする。が、心配ご無用。女性はそんな心配をするのはコカ・コーラのCMに出てからにしてほしい。少なくとも僕に見つめられてからにしてほしい。これまでの経験からして、僕が女子更衣室や女湯に入るというのを極端に嫌がる女性は、僕の好みのタイプではないことが判明している。

なお、男性は僕を糾弾《きゅうだん》する前に、エッチな妄想に走った自分自身を糾弾してほしい。

▼ローリングストーンでいこう

「短大卒の女の子になんて期待してない」

短大を卒業して初めて入った会社で言われた、最も印象に残っている言葉だ。男の上司が吐き捨てるように言った。こんなことを真顔で言う人間がいるような会社には何も期待できないと思って、僕はとっとこの会社を辞めた。バカな会社を選んでしまった僕がバカだったんだ。言っておくけど、僕が女だろうが男だろうが関係ないよ。自分の性別にかかわらず、性差別をする輩《やから》を許せなかっただけだ。

その会社は短大の推薦枠をもらって入ったところだったので、短大への義理を欠いて辞めた僕は悪者かもしれない。が、こんなくだらねえ会社の推薦枠を確保している短大も悪いぞ。学歴差別と性差別のある会社に、短大が卒業生を送り込むなんて、短大もどうかしてるね。けど、やっぱり一番どうかしてるのは会社側だな。

「短大と女は使えないと思うなら、最初から採るなよ」

そう思わない?

こうして最初の会社は二年で辞めた。辞めてどうしたかというと、貯めたお金を使って四年制大学の二部に編入した。短大では得られない何かが大学にはあると信じていたからね。学歴コンプレックスというやつである。これを解消したいがために、大学に行ったといっても過言ではない。

けれど実際、大学に入って気づいたのは、大学というのは大学に行った経験のない者に「学歴コンプレックス」という負い目を感じさせるためだけに存在していたということだ。少なくとも僕にはそうとしか思えなかった。多くの大学生は、大学で何を学ぶかなんてことよりも、いかに楽をして単位をとって卒業するかということに強い関心を持っていた(ひと握りの大学生を除けば、はっきり言って短大生のほうがよっぽどまじめに勉強してたぞ）。企業が大学生にいったい何を求めているのか知らないけれど、いかに楽して単位をとるかってことは、いかに楽して売り上げを伸ばすかということに応用できるとでもいうのだろうか。年間百数十万円もする授業料を払っておきながら、授業をサボることに腐心《ふしん》するという目の前にある問題にすら気づけないような人間に、売り上げが伸びないという問題を解決することができるのだろうか。問題を見つけられないのに、問題を解決することなんてできるわけないと思うけど。

というわけでお気楽な大学生をずいぶんたくさん目にしたことで、学歴コンプレックスという呪縛《じゅばく》を解くことができた僕は、編入で入った大学を一年間で退学した。

あんまり大学批判ばかりしていると、僕のほうが批判されそうなのでフォローしておくと、大学に入って一つだけいいことがあった。それは、いち早くインターネットに出合えたことだ。その頃はまだエクスプローラよりネットスケープが圧倒的なシェアを占めていて、ブラウザのことをモザイクなんて呼んでいた時代だ。当然、世の中に「インターネット」という言葉すらほとんど出回っていなかった。そんな早くに授業でインターネットの世界を知ることができたのはラッキーだった。モザイクという言葉の淫靡《いんび》さに惹かれたわけじゃないので、誤解しないように。インターネットには仮想の世界があって、そこでは名前も仕事も性別も（！）好きなように名乗ってゲームができるというところに惹かれたんだ。自分の好きな性別でいられるインターネットという世界の魅力に取《と》り憑《つ》かれるのに時間はかからなかった。

大学を辞めた僕は、当然のようにインターネットプロバイダーに仕事を求めた。そして仕事ではあるけれど、二十四時間インターネットに接続できるという環境を手に入れ、上司の目を盗んでゲームをしまくった。と言いたいところなんだけど、実はゲームはまったくしなかった。なぜかというと、ゲームよりもおもしろいことがあったからだ。

何があったのかというと、そこで仕事を始めて一週間ぐらいたったとき、一人の女性が面接を受けに来た。彼女は後に僕の後輩となる(といってもたった七日間、僕が早かっただけだけど)女性である。彼女は面接で何げなく「男性と女性って何人ぐらいいるんですか?」と社長に訊いたそうだ。すると社長はこう答えたそうである。

「男五人、女四人、それと岩村一人」

だと。コレ、いいでしょ? なんだかすっとぼけててさ。こういうさりげないジョークを言える会社って、僕は好きだ。好きだったけど、この会社も結局二年程度で辞めてしまった。このあと僕は「転職王」と人から呼ばれるほど転職を繰り返すことになった。飽きっぽい性格なんだよ。でもさ、A rolling stone gathers no moss.よ。転がる石に苔《こけ》は生《は》えないっていうじゃん。根無し草で何も身につかないっていうネガティブな意味もあるけれど、人生転がり続けてもたくさん楽しみを味わったほうがいいじゃん。一つのことに執着《しゅうちゃく》して保身という罠にはまって、「女の子に期待しない」なんて暴言を吐く野郎になるよりは、新しい価値観を受け入れる度量のある、転がる石《ローリングストーン》になりたい。そのほうがかっこいいと思うからね。

第一、根無し草で転職したからこそ、インターネットやおもしろいプロバイダーに出合えたんだから。

▼会社勤めについて

面接では「男五人、女四人、それと岩村一人」という名台詞が生まれたが、その後、会社に入ってからはどうだったのかという話をしよう。

転職王だったからわかるのだけれど、どの会社も似たりよったりで、予想範囲内の質問をされるのだ。化粧はしない、洋服は男っぽくズボンしか履かない僕がきまって訊かれるのは、

「どうしてスカート履かないの？」

である。これに対しては決まりきったように、

「スカートは嫌い。あんなのは動きにくいだけ。あんな窮屈なもの着てたら仕事にならん」

と答えていた。だって本当のことだもん。

「自分は男ですから」

とは答えていないけれど、スカートを履かない理由の一つを省略しただけだ。言葉が足らないからといって嘘をついたことにはならないからね。

スカートが嫌いだと答えると、なぜかみんなバカの一つ覚えみたいに「一度着てきて」ってお願いモードになるんだよ。嫌いだから履かないっつってんのにさ。ひょっとして僕の周りにはサドばかりが集まっていたのだろうか。いや、待てよ。その逆で、マゾだったのかもしれない。だって、僕のスネ毛と鍛えあげた筋肉で覆われた足を見たいと思うなんてマゾぐらいだろ。マニアという線もあるが。

不思議なことにスネ毛と筋肉のことを言っても、人は僕のスカート姿を見たがるのだ。女らしさの強制もいいところである。

「お前ら、ええかげんにせえよ。俺が嫌な顔しなきゃわかんねえのかよ」

と啖呵《たんか》を切る勇気はなかったので、

「スカートなんて持ってない」

と答えておいた。するとたいていの相手は
「えーっ、そうなの。ウソ、マジ、信じられない」

と、さんざん僕にしゃべらせておきながら僕の話を信じないという極めて失礼な態度をとる。そして信じられないという驚きのなか、スカート論争は終結を迎える。だが、ときどき、

「持ってないなら買ってやる」

と、金にものを言わせるオヤジがいるのだ。

「要りません」

と丁重にお断りすると、

「グッチでもシャネルでもいいぞ。なんでも買ってやる」

と言い出すから始末に負えない。キャバクラの話をしてるんじゃないよ。会社での話だよ。

ブランドといえばグッチとシャネルしか出てこないオヤジのセンスの悪さはこの際ともかく、

「それでも要らん」と断ると、

「どうしてそこまでしてスカートを履かないんだ?」

だとよ。そこまでしてスカートを履かせたがるオヤジのほうが、僕にはよっぽど不思議だ。

なんでもいいけど本当になんでも買ってくれるなら、マッキントッシュのノートPCあたりをお願いすればよかった。

PCで思い出したけれど、こんなこともあったぞ。

全社員にPCを一台割り当てて、その上で各自にメールアドレスは発行しているけれど、ホームページを見られるのはごく限られたPCだけ……という会社で仕事をしたことがある。仕事中にエロサイトにアクセスしたり、用もないのにネットサーフして遊んだりするのを防ぐためだろう。そんな配慮をしなくても、社員たちはメールでデートの約束やナンパをして仕事時間を潰《つぶ》していたが、僕はアルバイトの身でありながら堂々とホームページを見ていた。

もちろんホームページにアクセスできるPCの机に移動して。

　最初の頃はその会社のサイトやライバル会社のものを見る程度だった。しかし、慣れとは恐ろしいものである。そのうちゲイサイトを見るようになったのだ。といってもさすがに昼間から会社でエロサイトを覗くほど羽目を外していたわけではなく、ゲイのクラブ情報やゲイが書き込みをしている掲示板にアクセスしていた。けれど、ゲイサイトはそのほとんどがエロサイトじゃなくてもエロっぽいデザインが多かった。当時よく見ていたのは、背景が赤と黒という目に痛いデザインのサイトで、そのインパクトたるや、僕の背後を歩く人々の視線をまるでブラックホールのように引きつけていた。引きつけられたほうは、PCの画面にゲイサイトが映し出されているのを嫌でも確認していたはずだ。そんなとき、人はどう反応するかというと何も反応しないのだ。少なくともその場では。

　しかしあとで必ず、僕以外の誰かに、

「あいつはゲイなの？」

　と訊くのだ。どうしてそんなことを知っているのかというと、僕のことを訊かれた人が、あとで「こんなこと訊かれたよ」と教えてくれたからだ。まったく、どうして僕本人に直接訊かないのだろう。直接訊いてくれればいくらでも答えてあげるのに。

　結局その会社は、暇な時間が多すぎてホームページを見るのに飽きた頃、辞めてしまった。

第Ⅱ章 ブレイクスルー・劇的な発想転換

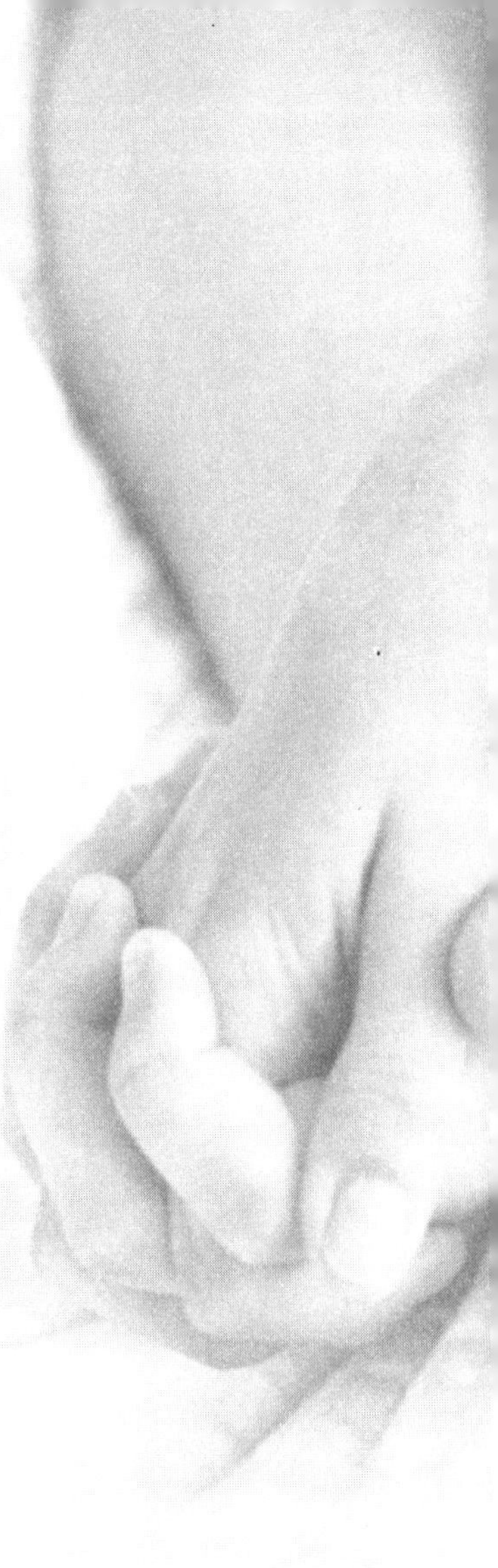

▼人生を変える女性が現れた！

転職王の僕が二十代に勤めていた会社での出来事だ。それは仕事にちょっと暇ができたので、職場の共有ボックスに置いてある新聞を立ち読みしていたときだった。細く柔らかい腕が後ろから現れてきたと思ったら、次の瞬間、彼女に背中を抱きしめられた。

それだけでも十分、心臓が口から飛び出て鳩になるほどドキリとしたのに、彼女は追い討ちをかけるように耳元で囁《ささや》いた。

「岩村って女の子が好きなの？」

こんな直球ストレートな質問を、いきなり投げてきたのだ。

当時の僕は、

「カミングアウトなんてとんでもねえ！」

と思っていたので、

「違うよ」

と、彼女に嘘をついた。この程度の嘘は学生時代に何度も繰り返しついていたので、心臓がビートを打っていたわりには、とても自然に答えることができた。慣れれば嘘なんて平気でつけるものなのである。が、しかし……。

次の瞬間だ。

次の瞬間に彼女が口にした一言が、その後の僕の性格と人生を百八十度変えたのだ。

「ふうん、そうなんだ。私は女の子も好きだよ」

注目すべきは「女の子も」の「も」だ。これは並列の助詞である。

彼女はまるで「お腹が空いたから、ランチを食べにいこう」とでも言うように、さらりと、あっさりと自分がバイセクシュアル（男も女も好きになる人のこと）であると告げたのだ。

「そんなこと他人に言うなんて、お前バカじゃないの」

なんて思わなかった。その代わり、その子に惚れた。

「こいつ、かっこいい！」

って痺《しび》れたんだよ。恋愛感情じゃなくてさ、堂々としている様や、自分のことをはっきり言う姿に惚れたんだ。

彼女は女性だったけど、

「俺もこいつみたいに、かっこよくなりたい」

と心から思った。だから、彼女を真似てカミングアウトをするようになったんだ。単純だと思うでしょ？　自分でもそう思うよ。

でも今から思えば、彼女は僕に教えてくれたんだと思う。

「恋愛は自由だ」

ということと、

「誰を好きになっても変じゃない」

ということを。

……なんて言うと浮いた歯が抜けて空中浮遊しそうだけれど、本当の話だから仕方ないっしょ。


これが跳べなかったノミが、跳べるようになった瞬間だったんだ。

つまり何が言いたいのかと言うとだな、

「ばれたら嫌われるから隠しておこう」

と考えていたのを、

「言ったほうがかっこいいじゃん」

と考えるようになっただけで、人生が変わったということだ。


自分が女好きであるということと、性同一性障害であるという事実は変えられない。他人が自分のことをどう思うかなんてわからない。手っ取り早く変えられるのは、自分の考え方だけなのである。これに気づくかどうかで、人の行動というのは大きく違ってくる。社会が変わることも、社会を変えることも必要だけど、社会の変化はカタツムリみたいに鈍い。そんなもんを待っていられるほど人生長くないからね。とりあえず自分が変わって、社会を引っ張って変えていってやる！ ぐらいの勢いで突っ走って生きたほうが心地良いと思う。渋滞にはまっている車より、高速道路をぶっとばす車に乗ってるほうが気持ちいいじゃん。

心理カウンセラーをしている僕の友だちも、考え方を変えることを推奨している。その友だちいわく、

「待ち合わせに相手が遅れてきたら、思わず怒ってしまうかもしれない。けれど例えば本を読みながら待っていたとしたら、相手が遅刻したぶんだけたくさん本を読むことができたことになる。そう考えれば相手に感謝することだってできる」

となな。僕は遅刻した相手に感謝するほど寛大な心の持ち主じゃないから、これは真似できそうにないけどね。

初体験

バイセクシュアルの彼女（といっても、つき合っていたわけじゃないけど）のかっこいい姿に触発《しょくはつ》された僕は、クラブに行くことにした。クラブといっても革のソファに座って女性にお酒を注いでもらうクラブではない。ましてやバーベルやトレーニングマシンのあるスポ

ーックラブでもない。音楽に合わせて踊るクラブである。ただ一つだけ、ちょっと他と違うのは、女性しか入れないということ。わかりやすく言ってしまえば、レズビアン向けの遊び場だ。

最初は行くことをためらった。僕は男だからね。けれど、

「ひょっとしたら男っぽいレズビアンかもしれない」

と自分を疑っていたから、勇気を出して行ってみたのである。その頃は同性愛のことをよく知らなかったから、男っぽいレズビアンは、自分と同じように心は男なのだろうと勘違いしていたのだ。

初めてのクラブはドキドキしたよ。インターネットで調べた地図を頼りに店を探したけれど、小さな店だったのでなかなか見つけられなかった。なんとか探し当てることができたものの、今度は入る勇気がなくて店の周りをグルグルまわった。警察に通報されてもおかしくないぐらいの不審者だったと思う。そんなふうに自分の腰抜けな性格と三十分ぐらい格闘したあげく、最後はバイセクシュアルの彼女を思い浮かべて、

「俺もかっこよくなるんだ」

と気合いを入れて店の扉を開けた。

店に入ると、大音量の音楽が耳に殴り込んできた。薄暗い照明のなか、目を凝《こ》らすとフロアで踊っている女の子や、バーカウンターで飲んでいる女性たちが見えた。つまり、どうっ

てことのないただのクラブだったのである。客が女性であるというだけで、べつにエロティックな雰囲気はなかった。女子校の同窓会のような感じと言ったらわかっていただけるだろうか。

女性しかいないお店に入った男の僕の心境はと言えば、これが案外、心地良かったのである。とはいってもハーレム状態で鼻の下を伸ばしていたわけではない。

「本当の自分を殺さずに生きるのは、こんなに楽しいことなのか」

隠れんぼをしなくていい世界が心地よかったのだ。

ここにいるのは女好きばかりで、そのことを隠す必要がまったくないという安心感が店には満ちていた。

▼有象無象のクラブ会場

クラブに行くとネズミ講式に友だちが増える。友だちの友だちを紹介してもらえるからだ。

ぶっちゃけ最初は、

「あわよくば恋人をゲットしよう」

という下心もあった。というか、下心しかなかったと断言してもいい。けれどクラブに行く回数を重ねるごとに、嘘をつかずに自分らしくいられる場所に身を置くことが楽しくなっていった。恋人探しなど、どうでもよくなったのである。この恋愛感情抜きのスタンスが友だちづくりに役立ったのかもしれない。

できた友だちのほとんどはレズビアンだったけど、なかにはレズビアンの友だちに連れて来てもらったというノンケ（同性愛者じゃない人）の女の子もいた。

たくさんの知り合いができ、堂々と女好きでいられることが多くなると、

「公にカミングアウトしても大丈夫なんじゃねえか」

と思えてきた。

今の僕はほとんどの人にカミングアウトをしている。隠すこともないし、かといって何がなんでも告白するなんてこともしていない。気負わず、自然の流れに任せている。

僕が皆にカミングアウトするようになった理由というのは二つある。

一つはさっき書いたように、クラブで公に言っても大丈夫という自信をつけたから。もう一つは、クラブに嫌なヤツがいたからだ。こんなことを書く僕のほうがよほど嫌なヤツだという噂もあるが、本当のことだから仕方がない。どこにでも相性の悪い相手というのはいるものだ。同性愛者のなかにも、ノンケのなかにも、虫の好かないのがいるのである。

狭いフロアでちょっと肩が触れただけで相手に吠《ほ》えるケンカっぱやいのもいれば、酔いっ

ぶれた友だちを介抱する優しいのもいる。人の陰口を言う卑怯なのもいれば、たいしておもしろくない話を大阪弁でおもしろおかしくしゃべりたてる漫才師のようなのもいる。同性愛者であろうとなかろうと、性同一性障害であろうとなかろうと、ノンケであろうとなかろうと、世の中にはいろんな人間がいるのである。

「いろんなのがいるのだから、女好きな僕をおかしく思わない人間だって世の中にはいるはずだ」

そんなふうに考えるようになった僕は、クラブの中だけで心地良くなっていても仕方ないと思うようになった。クラブでだけ、

「世の中は最高だ」

なんて思っているのは、学校と家という狭い世界しか知らずに、

「世の中みんな敵ばかり」

と思っていた頃の自分となんら変わらない。裏を返しただけで、同じことだ。狭い世界で自己満足することが、自分が目指すかっこいい生き方だとはどうしても思えなかった。

「やっぱりバイセクシュアルの彼女を見習おう」

そう思って、カミングアウトするようになったのである。

▼初めてのカミングアウト

「かっこよくなるためにカミングアウトしよう」

そう思ってはみたものの、

「レズビアンです」

とは言えなかった。自分のことをどうしても女だとは思えなかったからだ。この頃はまだ性同一性障害という言葉を知らなかった。もちろん、日本じゅうがそんな言葉は知らなかった。


男の僕がレズビアンであるわけはないのだけれど、女好きということを明らかにしなければ、隠れていることになる。

「どうすりゃええんじゃ」

悩んだ末に出した答えは、

「ゲイと言おう」

というシンプルなものだった。

日本ではゲイは男性同性愛者を指すことが多いが、英語本来の意味は同性愛者のことを言う。つまり、男女に関係なく同性を好きになる人のことを表す言葉なのだ。僕が自分をゲイと言うことにしたのは、自分は体が女で女が好きだから、周りから見れば同性愛者に見える。けれど心は男なんだというこだわりをどこかで保ちたかったからだ。

初めてカミングアウトしたのは、仕事の合間に会社の同僚と話をしていたときだったような気がする。「ような気がする」などと曖昧《あいまい》な表現をしているのは、「初めてのカミングアウト」なんて勢いのあるタイトルを付けておきながら、実ははっきりと覚えていないからだ。べつに忘れっぽいわけじゃない。カミングアウトしても、たいていの人が同じ反応をするから、どれが最初だったかなんて記憶にないのである。

不思議なもので、第一反応はほとんどが決まっている。

「俺、ゲイなんだよ」

「へっ？　そうなの？」

である。たいていの人はこのように、まず軽く驚く。たまに、

「ふうん、そうなの」

と、僕のカミングアウトに対してまったく動じない強者もいるけれど、これはまだまだ珍しいケースだ。たいていの人は軽く驚くんだけど、この「軽く」ってところが重要だ。卒倒されたり、気持ち悪いとか変態と罵倒《ばとう》されたことは一度もない。これまでに二人だけ「治せ」と医者みたいに命令してきた男がいたけれど、彼らには「女好きのお前が男好きになれない

ように、俺も男好きにはなれない」と説明してあげた。二人がわかったのかどうかは知らないが、その二人とはカミングアウト前も後も、同様に疎遠《そえん》である。つまり、なんら関係は変わっていない。彼らが僕のことを嫌いになったのか、それとももともと嫌いだったのかは知ったこっちゃないが、嫌いなら嫌いでまったくかまわない。僕は自分のことを嫌いな人を好きになるほど自虐的ではないからだ。

話が逸《そ》れたので元にもどそう。軽く驚いてからは、二手に分かれる。

「全然知らなかった」

と、だんだん驚きを露《あら》わにする派と、

「実は、そうかなって思ってた」

という観察力の鋭い洞察派である。

相手が酒を一緒に飲んだことがないようなただの知人程度であれば、会話はそれで終わる。気心の知れた友だちの場合であれば、どんなタイプが好きかを訊いてくることが多い。二手に分かれた道が、再び一本道になるのだ。ようするに、どこにでもある恋愛話が展開されるということだ。

「どんなセックスをするの？」

なんてディープなことを尋ねてくる相手は滅多にいない。滅多にいないということは、たまにはいるということだが、この場合は僕も相手にどんなセックスをしているのか訊くことにしている。よほど親しくなければ交わせない会話である。

フォローしておくと、僕はどんな質問をされても怒ったことがない（だからこれからも怒らない、なんてことはないのでこれを読んでいる人は十分注意するように）。質問をするのは相手の自由で、それに答えるか答えないかは僕の自由だからだ。つまり、答えたくない質問には答えないようにしているというわけだ。こういうスタンスで会話をすれば、

「そんな質問するんじぇねえよ、失敬な！」

などと激昂《げっこう》することはないのでお勧めである。ぜひ一度ためしてみてほしい。

さて、カミングアウトするといいことが二つある。一つは自分が楽になれること。素の自分を出せるのだから、楽になれるにきまっている。もう一つは、女の子との出会いのチャンスが増えることだ。僕のカミングアウトを聞いた友人が、「ならば」とひと肌脱いで、女の子を紹介してくれることがあるのである。おかげで現在の僕はバリモテだ（ウソだよ）。これればかりはお互いに好みってものがあるので、うまくいかないことが多い。けれど、出会いが増えたのは本当だ。

カミングアウトするようになってわかったことは、偏見を持っていたのは自分だったということだ。みんなの反応がそれを示している。ゲイは嫌われる、ゲイは笑われる、ゲイはいじめられる……これは間違った思い込みだった。思えばテレビが同性愛をお笑いのネタにしたり、学校で先生がモーホと発言したりしたのは、僕自身に対するあざけりではなかった。

カミングアウトしてみなければ、自分と関係のある人がどう反応するかなんてわからないのである。

試してみて初めて見えてくるものがある。見えてくるものが必ずしもいい景色であるとは限らない。「治せ」と一方的に命令してきた男がいたようにね。けれど何が見えたとしても、何も見えないよりはましだ。何かが見えれば、その景色に合わせて柔軟に動けばいいだけだから。目をつぶっている限り、そこから動くことはできないのだから。

偏見は自分の考え方を狭くする。だからなるべく持たないほうがいい。いろんな角度から物事を見られるようになれば、それだけ生き方の選択肢が増える。思い込みで偏見を抱いて生きるより、偏見を捨てて自由に生きるほうがかっこいいと思う。

素の自分を出したら嫌われると思い込んではいけない。かといって、絶対に嫌われることなんてないと思い込むのもよくない。

ゴタゴタ書いたが要するにだな、嫌われたってかまわないと思うことが大切なのである。もしも嫌われたら、そんなヤツのことなど気にするな。自分を嫌っている相手のことを気にして思い悩むより、自分が好きな人のことを考えて楽しく生きればいい。そのほうが健康的だ。意見の合わない相手とはつき合わなくてもいいのである。

自分の周りに百人の人間がいたら、その百人全員に自分のことを好きになってほしいとは思わない。百人のうち十人に好かれれば十分だ。他人の顔色を窺って怯えながら無理してみんなに好かれようとするよりも、他人の目など気にせずに、自分らしく堂々と生きて十人に好かれるほうが笑顔で毎日を過ごせる。

本当の自分を殺して生きても、人生をつまらなくするだけだ。

未知の世界

カミングアウトをするようになってから劇的に変わったことといえば、好きな女性に告白できるようになったことだ。これまでは告白できないどころか、恋を諦めていたからね。

恋といえば、友だちに一人、とてもモテる女の子がいる。といっても本人の自己申告だから、話半分だとは思うけどね。ただ、男とつき合っていなかった期間というのが物心ついたときからまったくない（むしろ重なっていたりする）というから、モテるというのもあながち嘘じゃないだろう。言っておくが彼女は、街を歩けば男が振り向くようなとびきりの美人なんかではない。姿形はそこらへんにいる普通の女性だ。可もなく不可もない平均点な女の子である。

それなのに彼女はほぼ同時に二人の男から求婚《プロポーズ》され、「ケンカをやめて〜」（例えが古すぎ?）を地でいった経験もあるというから驚きだ。

「いったいどんな告白をすればそんなにモテるんだ⁉」

百発百中で相手をしとめられる告白というものがあるなら、知りたいと思うよね。だから彼女に訊いてみた。すると彼女いわく、

「告白なんて自分からしたことないよ。そんなものは相手にさせるのよ」

だとよ。

「おめえは何様だ」

と言ったらケンカになるのは目に見えていたので、口には出さなかった。その代わり、男のどんな告白にぐらっとくるのか質問することにした。男にモテすぎて仕方がない（と言っている）彼女なら、いい告白と悪い告白の違いを知り尽くしているはずだ。

「いい告白を習って実践に活かせば、狙った女性を必ずおとせる百戦錬磨の色男になれるかもしれない」

そんな下心を僕が抱いたのは言うまでもない。

彼女の説明によれば、いわゆる「いい女」というのは男から告白され慣れているので、好きと言われたぐらいじゃ、

「あっそう。ありがと」

ぐらいにしか思わないそうだ。つまり、好き程度の台詞はまったく相手にされないという

わけだ。じゃあどう告白すればいいのかというと、

「抱きたいなら抱きたいと、そう言えばいいのよ」

だってよ。

「マジかよ？　それ、露骨《ろこつ》すぎねえか」

と疑問に思ったが、一応モテる女の言うことだから、信用してみた。

これが運の尽きだった。

彼女の大胆なアドバイスから一カ月後に、僕はある女性にアタックして、こっぱみじん切りに振られてしまったのだ。みごとな散りっぷり、玉砕《ぎょくさい》、撃沈である。

「他人の手口を真似したところで、恋愛はうまくいかない」

悲惨な経験をしたわりには陳腐《ちんぷ》な教訓しか得られなかった。恋愛は自分と相手との間に沸き起こる感情のことだから、他人なんて関係ないのである。姑息《こそく》なテクニックを磨くより、自分を磨いて相手が告白したくなるような人間にならなきゃね。

カミングアウトするようになってから、たくさんの恋と失恋を繰り返した僕は、自分で書くのもなんだが、昔よりいい男になったぞ（自己申告だけど）。

▼ゲイパレードでの発見

僕は人込みが嫌いだ。休日の娯楽施設はどこも混雑しているので、映画や食事といったデートなら平日にする。年末のテレビのニュースで、飴に群がる蟻のように、人がアメ横に群がっている映像を見るだけで疲れる。そんな人込み嫌いの僕が、人波でごった返していると知っていながら出かけていくのが東京レズビアン&ゲイパレードだ。

何のことかわからない人もいるだろうから説明すると、これは真夏の東京で行われてるイベントだ。同性愛者やドラァグ・クイーン（派手な女装をした男性）やトランス・セクシュアル（僕のように心と体の性が違う人）といった人たちが三千人近く、列をなして真夏の渋谷を闊歩《かつぽ》するという賑やかなイベントである。残念ながら二〇〇三年は開催されなかった。毎年、運営委員会を設立しては解散するという方法をとっていたのが限界に達したらしい。今後は継続的な団体ができれば、パレードを再開するそうだ。

初めてパレードに参加したのは、クラブに行くようになって間もない頃のことだった。自分の世界が広がっていくのが楽しくて仕方がなかった時期だ。初めてのパレードだったけど、緊張することなく、笑顔で歩くことができた。僕のテンションが高かったからおもしろく感じられただけなのではないか、と思われるかもしれないが、それは誤解だ。大勢の仲間がいて、楽しくないわけがないじゃないか。楽しいんだよ。焼けたアスファルトから照り返される熱で優に三十五度は超えていたはずの熱気のなか、一時間がかりで歩いたパレードは、子どものときに夢中になった縁日のように楽しかった。

けれど二年目は、最初の年ほどの感激を得ることはできなかった。それは二度目という慣れのせいだけじゃない。何かが自分のなかでひっかかっていたからだ。このひっかかりの正体は、三年目のパレードの最中に突如としてわかった。

「今年はテンション高く歩くぞ」

そう心に決めていた僕は、三年目にして初めてパレードの前の方を歩いた。初体験となるパレード前方は、

「これが同じパレードなのか？」

と思えるほどすごかった。パレードを先導する車から流れる大音量の音楽、拡声器によるシュプレヒコール、やたら大きな垂れ幕。御輿《みこし》を担ぐ祭りのような勢いである。日常とは完全に異なる派手な世界がそこにはあった。

「踊るアホウに見るアホウ。同じアホなら踊らな損、損」

僕は音楽に身を任せ、周りのみんなと踊りながらテンション高く街を練り歩いた。が、そんなテンションは次の瞬間、一気にどん底に落ちたのである。

「ウィー・アー・レズビアン！（We are lesbian!）」

拡声器から聞こえてきたのは、シュプレヒコールを促す声だった。それに合わせて周りの女の子たちが一斉に言葉を繰り返した。

真夏の太陽の下で汗だくになっていた僕は、その一言で凍りついた。

「俺は男だ」

疑いの余地はなかった。僕は同性愛者じゃない。そう確信した瞬間だった。

その後僕は一言も発さず、踊らず、とぼとぼとパレードを歩いた。早くゴールにたどりつくことだけを願いながら。

パレードがどのような形で再開されるかわからないので断言はできないけれど、パレードはいくつかのグループに分かれて歩くと思う。だから自分に合ったグループを選べば、僕のような失敗はしないですむだろう。どれが自分に合うのかわからなければ、適当に決めて歩いてみてほしい。きっと何か発見があるはずだ。ちなみに僕は、この失敗があったからこそ自分が性同一性障害だとわかったのだ。

何かやってみなければ現状は変わらない。現状に不満であれば、とりあえず何でもいいからやってみることをお勧めする。そうすれば、今とは違う何かに出合えるはずだから。

▼道は開けている

「俺はいったい何者なんだ」

三度目の正直となったパレードで、ゲイと名乗ることができない自分に気がついた。レズビアンたちが歩くなかの僕は完全に場違いだった。

「ああ、この違和感、嫌だなあ」

その違和感は、世の中は全部敵だと思っていた頃の感覚に似ていた。自分にとっては女を好きになるのは当たり前のことなのに、世の中にとっては変なことで、いわゆる男と女の組み合わせ以外はお笑いのネタになっていた。なんで笑われなきゃいけねえんだ、と思いながらも、自分の正体を隠して生きていた。世の中が怖かった。

「あんな嫌な野郎の自分には戻りたくない」

そう思った。自分は同性愛者じゃない！　女が好きな男だ！　堂々と言いたかった。けど、体が女なのに自分を男と思うって、どういうこと？　どう言えばいいのかわからなくて、手当たり次第に同性愛のことを調べたら、ジェンダー・クリニックに行けば手がかりがあるかもしれないということがわかった。

ジェンダー・クリニックとは、性同一性障害を治療してくれる医療機関のこと。そのジェンダー・クリニックでの治療の一つに、精神科の治療がある。男から女へ、あるいは女から男へ体を変えたい（手術やホルモン療法をしたい）人は必ず精神科医にかからなくてはいけないのである。しかし日本には、性同一性障害の人を診《み》ることができる精神科医がほとんどいない。だから診察してくれる病院を探すのに苦労した。

「俺は砂金さがしてんじゃねえんだぞ」

そんな愚痴《ぐち》をこぼしたくなるほどだったが、インターネットと電話を駆使して自宅から電車で四十分という病院をなんとか探し当てることができた。もちろん、見つけたその日のうちに病院に行った。

病院で僕は性同一性障害と正式に診断された。

子どものときには女の子の振りをしていた。それをやめて新しい道に進んだのだけれど、そこではゲイの振りをして歩かなければならなかった。これでは昔と同じで苦しくて当たり前である。僕には新しい道が必要だった。そしてその道はあったのだ。手術したりホルモン注射を打ったりして、体を男に変えるという道である。

「クリニックに一～三年通院すれば、胸を手術で取ったり、ホルモン治療をはじめることができる」

医者から言われたとき、安堵感《あんどかん》で一杯になった。僕を男として見てくれる人ができたことが嬉しかった。帰りの電車の中、うれし涙が止まらなかった。

長かった。振り返れば三十二年の歳月が過ぎていた。自分が何者かを掴《つか》むまで、三十二年かかったのである。

心に合った体を手に入れるのに、なぜか苦労と金のかかる生まれ方をしちまったけれど、「なぜ」を考えていても仕方がない。不平不満をならべたところで、何も解決しないからね。

「なぜじゃなくて、どうすれば楽しく生きられるか、どうすれば自分らしくいられるか。自分で道を探っていこう」

そう思った。

「道は開けている」

いい言葉でしょ？　真似していいよ。元気になる魔法の言葉だ。

▼不安な気持ちを打ち消す方法

僕は見ての通り（見えないか）、筋肉質だ。スポーツジムに通っているからね。ジムと言えば怖いのは、エアロビクスのレッスンである。見るからにハードな動きで明らかに汗だくで息を切らしているのに、どうしてみんな、満面の笑顔でいられるのだろう。不思議である。僕はあの爽《さわ》やかすぎる集団に入っていく勇気はないので、もっぱら筋力トレーニングをしている。自分で書くのもなんだが、なかなかいい体格をしているぞ。

「わたし、脱いだらすごいんです」

というCMがかつてあったが、

「僕は脱いだらすンごいんです」

と言いたい。腹筋なんて割れてるからね。うっすらとだけどさ。マシンやフリーウェイトでガンガンに鍛えた甲斐があるというものだ。エアロビクス愛好者からすれば、雄叫《おたけ》びをあげながら筋トレしている僕のほうがよほど怖いかもしれない。

人から恐れられているかもしれない筋トレだが、やるといいことがある。一つは体が締まって、女性特有の丸みを帯びた体つきにサヨナラできること。もちろん、男っぽい体つきにするためには、かなり気合いを入れて鍛えなければいけないけどね。そしてもう一つのいいこというのが、ほんとうに素晴らしいことなのだ。それは、ポジティブ思考になること。筋トレをすると筋肉がついて、自然に姿勢が良くなる。するとそれだけで悩みというものがなくなるのだ。

「なにをバカなこと言ってんの」

と疑いの声が聞こえてきそうだが、本当なのだから仕方ない。はっきり言って、悩みたく

ても悩めない体になるよ。なんて言うと今度は、

「筋肉バカ」

という野次が飛んできそうだ。でも、バカでも悩みがないほうが健康的でしょ？　バカでいいじゃないですか。

僕は風邪《かぜ》をひいたりして多少具合が悪くても無理して筋力トレーニングをするので、実は肉体的には不健康だったりする。けれど、僕にとって筋トレは健全な精神を保つための支えになっているのである。

僕の友人は心配事から抜け出すには、

「目線を上げて、指で天を指しながら大声で笑えばいい」

と、ちょっと怖いことを言う。あやしい宗教みたいで嫌だな、と思いながらも実際にやってみると、本当に悩めないから怖い。嘘だと思うならやってみてほしい。ただし、道端でいきなりやると周りの人から危険人物だと思われて、警察に通報される恐れがある。だから家か、会社や学校のトイレでこっそりと一人でやることをお勧めする。

いろいろ書いたがまとめると、外見を変えると中身も変わるということだ。考え方や思い込みをいきなり変えるのが難しければ、体をポジティブに動かすという手もある。悩めるときには、ぜひ体を動かしてみてほしい。

▼俺様人間登場

考え方と体を変えてポジティブになると、自分がとても大切な存在に思えてくる。特に、「ボディビルダーになればいいじゃないですか」

なんてジムのトレーナーにまじめに勧められるほど体を鍛えると、ナルシスト度数が飛躍的に高まるので、俺様大切人間になる。

「俺はかっこいい。つまりイケテる。こんな俺ってス・テ・キ。だから大切にしよう」

三段論法をまったく無視しているが、とにかくこう思えてくるのである。これは自己中心になることとは違う。なぜなら自分と同じように、他人も大切になるからだ。

自分は自分、他人は他人。他人と違う自分が大切であるように、自分と違う他人も大切だということがわかるのだ。

べつに善人ぶっているのではない。それどころかぶっちゃけ、

「他人のことなんて知ったこっちゃない」

と思っていたような人間だったとは、前に述べた通りである。基本的に今も昔も変わりなく、自分は嫌なヤツだと思っている。だってさ、口は悪いは、態度はでかいは、そのくせ傷

つきやすく、なまじ記憶力がいいために恨みは忘れない。十中八九、友だちからはつき合いづらい相手と思われていることだろう。でも、そんな自分を愛《いと》おしく思うのだ。広い世の中、一人ぐらいこんな変な人間がいたほうが、刺激的でおもしろいじゃん。

昔どこかで耳にしたことなのではっきりとは覚えてないけれど、こんな話を聞いたことがある。釣った大量の鰯《いわし》をバケツに入れるとき、一匹だけ別の魚（この魚がなんだったのかが思い出せない）を入れておくと、鰯に緊張感が生まれて活《い》きのいい状態が長持ちするという。均一な仲間に異質な者が入り込むと、パワーが失われずに済むってことなんだけど、うなずけると思わない？　もしうなずけないなら、こんな話もあるぞ。

映画『プライベート・ライアン』は第二次世界大戦中、ライアン二等兵を八人の兵士が命をかけて探しに行くという物語だ。その八人の中に一人だけ、

「なんで俺らが命をかけて、たった一人の兵士を助けなきゃいけねえんだよ」

と、その任務に明らかに反抗的な者がいる。映画はこいつがいるおかげでおもしろいものになっている。チームに対立が生まれることで、物語が動くからだ。もしも従順でお利口さんな八人が集まったとしたら、話は退屈でつまらないものになったに違いない。

本当の自分で生きようとすれば、周りの人間と対立することもあるだろう。それを恐れてはいけない。言いたいことを言わずにストレスをためて生きるより、多少は怪我してもいいから人と本音でぶつかり合ったほうがいい。そうすれば心が強くなる。心が強くなるとは成

長するということだ。

筋トレをすると次の日（人によっては二日後）に、筋肉痛が起こる。あの痛みは、トレーニングによって筋肉がブチッと切れた証拠だ。切れて破壊された筋肉は修復されるのだが、このとき、前よりも強い筋肉になる。つまり、痛みを経験しなければ筋肉は成長しないのだ。人生も筋肉と同じ。健全で強い精神をつくるためには、多少の痛みは必要だ。

俺様人間というのは、心のボディビルダーのこと。痛みを受けたぶんだけ心は強くなる。そして痛みを味わえば、同じ痛みを他の人に与えないようにすることができるようになる。他人のことを思いやることができるようになるのだ。

周りと違うことを恐れそうになったら、鰯とプライベート・ライアンの話を思い出したい。そして、周りの人間に刺激を与えていくことで、強い心を育てていきたいと僕は思う。

▼本気とはなんぞや

「対立を恐れるな」

などと書くと、僕が好戦的で荒っぽい人間だと思われてしまいそうだ。その通りだ。だからそんなことはどうでもいい。大切なのは、対立は本気度数を測るバロメーターだということ。自分の内側からあふれ出てくる本音を本気で曝《さら》さなければ、人と対立などしたくてもできない。みんなに心を閉ざして一人で孤独に生きるのではなく、人と心から通じ合いたいと思うのであれば、飾らず、偽らず、本気の真剣勝負をしなくてはいけない。本気で生きている人は、本気で生きている人しか相手にしないからだ。

その本気具合が一番試されるのは恋愛だろう。

「好き」

という言葉をふまじめな態度で言ったり、笑ったりしながら告白しても相手に思いは届かない。ましてや酔った勢いで、酒臭い息とともに口にしたりしたら、届くはずの思いも届かなくなるというものだ。相手の目を見て真剣に言ってはじめて相手に通じるのだ。告白なんて本気でしなければ、相手が本気で応えてくれるわけがない。もちろん、本気であれば必ず報《むく》われるなんてことは言わない。本気で告白したら、本気で振られることもある。けれど、それさえ相手に思いが通じた証拠だ。

振られるのはつらいことだ。会いたい、知りたい、寝たいと思う相手に、会いたくない、知りたくない、寝たくないと拒絶されるのだから、つらくないわけがない。できれば振られたくないと思うのは、自然なことだ。

冗談のように告白すれば、相手に断られたとしても、本気じゃないよと嘘をついてその場をごまかすことができる。そうすれば、振られたら受けるはずのダメージを減らすことができるだろう。

けれど、つらいことから逃げるために自分の気持ちを偽ってばかりいたら、そのうち本当の自分がわからなくなってしまうのではないだろうか。誰を好きなのか、何をしたいのか、自分はいったい何者なのか……。

相手に本気でぶつかっていってはじめて、自分という人間の輪郭《りんかく》が掴めるのだ。そしてその輪郭こそが、自分らしさであり、大切にしなければいけないものだと思う。

本気というのは、相手に自分を知ってもらいたいと願う気持ちの表れである、と同時に、自分自身を知りたいと願う人の生き方ではないだろうか。

▼名は体を表す

鰯……魚偏に弱いと書いてイワシである。いかにも弱そうだ。極楽鳥……極楽の鳥と書いてゴクラクチョウである。いかにも陽気で楽しそうだ。人なら麗子はいかにもお嬢様ふうだが、礼子なら礼儀正しそう。零士ならいかにもモテそうだが、零時ならシンデレラが靴を忘れる時間だ。名は体を表すというが、名前である程度そのキャラクターのイメージが決まるというのは本当だろう。

二〇〇三年、僕は改名した。それまでは下の名前を秘密にしていたのに、改名後は必要のない場面でもフルネームを名乗っている。「名字だけでええっつーねん！」と、友だちから鬱陶《うっとう》しがられているほどだ。

生まれたときに体つきが女であったために、僕には女の子の名前がついていた。つけてくれた親には悪いが、子どものときから自分の名前が嫌だった。マコトとかマサミといった、男女どちらでも通用するものならよかったのだが、あいにく、女でしかありえない名前だったので始末に負えなかった。

女の子は友だちどうしで下の名前をニックネームにして呼ぶことが多いが、小学校のときからそれだけは絶対にさせなかった。それぐらい小さい頃から名前が嫌だったので、ずっと変えたいと思っていた。思っていたからやってみたのだ。

改名にはごたごたがあったのだけれど、それは後で書く。とにかく僕は男の名前に改名した。するとどうだろう。バリモテである（ウソだよ）。

バリモテではないけれど、男の顔にはなってきたようだ。これは自己申告ではない。

「前は女っぽさがまだあったけど、男っぽくなってきた」

と女友だちに言われるようになったのだ。

「惚れるなよ」

と警告したら、

「それはない」

と、あっさり否定されたのが心残りではあるが、男らしくなったと言われたのは嬉しい。顔がキムタクやトヨエツみたいになればもっと嬉しかったのだが。

改名したら、気分が落ち着いた。それまでは肩肘張って男を演出していたのだが、余分な力が抜けたような気がする。それまではわざと眉間《みけん》に皺《しわ》をよせて怖い顔をつくって話をしたこともあった。笑いたいときにも我慢して、ニヒルぶって「ふっ」なんて、しらけた笑い方をしたこともある。けれど今はそんなことはしない。料理に例えれば、スパイスのききすぎた料理ではなく、素材を活かした素直な味になってきたとでも言おうか。

そろそろお気づきのように、僕は自分を美化する傾向がある。けれども友人に男っぽくなったと認められるぐらいなのだから、本物だろう。

名前が変わると心が変わる。心が変わると顔が変わる。顔が変わると、他人の目に映る姿が変わる。たかが名前と侮《あなど》ってはいけない。ニックネームでもなんでもいいから、自分がなりたいものを表す名前を、今日からつけてみてはいかがだろうか。

▼最後の嘘

親と十年以上口をきいたことがなかったことは、冒頭で述べた通りである。けれど、十年なんてかわいいものだ。三十三年間、親を騙し続けてきたことに比べればね。

先ほど改名でごたごたしたと書いたが、姓名判断で画数や読み方にこだわったためではない。改名するには裁判所に申請しなければいけないのだが、その申請書類の一つに、僕の場合は親の承諾書が必要だったからごたついたのだ。

「自分らしく本音で生きろ」

なんて偉そうなことをさんざん書いておきながら、自分が性同一性障害だということを（もちろんゲイと思っていたときは、ゲイということを）、ずっと親に隠し続けてきたのである。大嘘つきとは僕のことだ。

親だけにはどうしても本当のことが言えなかった。別に嫌われるのが怖かったわけじゃない。親のすねを齧《かじ》って暮らしていた子どものときは、確かに嫌われるのは怖かった。見捨てられたら、食えなくなるからね。でも、仕事をするようになってからはそんなことを心配したことは一度もない。僕が恐れていたのは、ショックで親が惚《ぼ》けることだ。

テレビのゲイネタを笑った親である。ゲイも性同一性障害も、性的少数派という意味では同じだ。ゲイを笑った親が、僕の事実に耐えられるとは思えなかった。

我が身にあてはめて考えれば、嫌いなものを受け入れることがどれほど難しいことであるかがわかる。例えば、僕は太った人が苦手だ。もう少し具体的に言えば、太った人に惚れたことは一度もない。どんなに美人で、どんなに知的で、どんなに性格がよくても、太っている人とはつき合いたいと思わない。

これは差別じゃないからね。差別というのは、不当な理由で何かの権利を奪われている状態のことだと僕は考えている。だから、太っている人を嫌うのも、背が低い人を嫌うのも、頭の薄い人を嫌うのも差別じゃない。ゲイ嫌いも性同一性障害嫌いも同じである。差別してるんじゃなくて、単に嫌いという感情があるだけだ。そしてこの感情は消えにくい。あなたが会社で、気に入らない上司を（あるいは学校で気に入らないクラスメイトを）好きになるのがどれほど困難なことかを想像すればわかるだろう。

僕は親だろうと誰であろうと、ゲイや性同一性障害のことが嫌いなら嫌いでかまわない。そういう人たちの権利を奪ったり、彼らをなじったり、殴ったりして傷つけるようなことをしなければね。嫌いなんて感情はどうでもいい。僕が太った人が苦手であるように、他の人が性同一性障害に対してそういう感情があっても不思議じゃない。

問題は、この手の相手（つまりは自分のことを正当な理由がないのに嫌う人たち）とどうつき合うかである。結論から言えば、この手の相手は、相手にしないのが一番いい。デッドボールを投げられたらバットを投げ返したくなるように、ネガティブな感情をぶつけられたら、ネガティブな感情を返したくなるものだ。でも、そんなふうにいがみ合うのは悲しいじゃん。いくらゲイ嫌いの親でも、僕は嫌いにはなりたくなかった。だから、無視して生きるつもりだった。

自分を嫌う人たちと無理してつき合う必要などどこにもない。そんなことに時間と労力をさくより、自分のことを好きな人たちと人生の時間をシェアするほうが、はるかに有意義というものだ。

僕はゲイを笑った親に、自分が性同一性障害だと告げたらショックのあまり惚けると思った。たとえそれが親であっても、自分のことを笑うような人間の世話をしたくなかった。惚けた親に敵意を向けながら介護するなんて、何が起こるかわかったもんじゃない。そんなの悲しすぎるだろ。だから惚けられるのが怖かったのだ。

薄情だと言いたければ言えばいい。薄情だと非難されるより、自分を嫌う人間の世話をしなければならないことのほうが、僕にとっては怖かった。

だから親にだけは嘘をつき通してきた。けれど、改名には親の承諾が必要だった。僕が見えない天井をぶち壊すときが、ついにやってきたのだ。

▼親に性同一性障害を告げた日

「改名したいんだ」

たまたま家に遊びに来ていた母に、『性同一性障害』(吉永みち子著、集英社)というタイトルの本を渡しながら、僕は改名したいと告げた。

泣くのか、錯乱《さくらん》するのか、激昂するのか……母がどんな反応をするのか、不安だった。本のタイトルを見た母は、僕のどの予想とも違う表情を見せた。

「そうじゃないかと思っていた」

と、にっこり笑ったのである。

「俺の不安はいったいなんだったんだ」

気が抜けた。しかしその穏やかな雰囲気を味わえたのは、つかの間のことだった。次の週に再びやってきた母の顔には、笑顔の欠片《かけら》も残っていなかった。

「産んだことを、恨んでいたのかと思った」

母は震える声で涙を浮かべた。

涙の原因は、僕にある。

中学生のとき、僕は明らかに性格が変わった。白い布が墨汁を吸い上げるように、見る間に黒くなっていった。

自分で言うのもなんだが、小学生の頃までは、明るくさっぱりした性格だった。それが中学で突然変異を起こしたのである。やたら親に刃向かうようになり、暴力こそふるわなかったが、言葉や態度で思い切り刺しまくった。深く、鋭く。

それは、よくある反抗期の域をはるかに超えていた。なぜならそれは、高校をピークに、社会人になって一人暮らしを始めるまで一時も休まず続いたのだから。このウルトラマンも真っ青の変身ぶりが、当時の母には、産んだことを恨んでいるように見えたらしい。

僕にはそんな意図はなかった。

けど中学から高校は、自分の体が女に変化していく時期で、自分自身が許せないほど嫌だった時期にちょうど重なる。ゲイを笑ったり、毛嫌いする世の中で、どうあがいても、女に惹かれている自分を自覚していったときだった。

小学六年生で「レズ」とからかわれて以来、同性愛を絶対的にタブー視するようになったのは、前に話した通りだ。

「同性愛はいけないこと、笑われること、嫌われることなんだ。だから女が好きな自分は世の中に歓迎されない人間なんだ」

そう思い込んだ。だからそれ以降、女が好きであることを必死で隠した。本当の自分を明かせば、笑われ、嫌われることを学んでしまったから。

あの頃は、世の中全部が敵だった。中学から高校にかけてピークとなり、その後むやみに長く続いた反抗期は、今考えれば、世の中全部を敵視していたことが原因だったんだと思う。

目の前で泣く母に、僕は伝えた。

「生まれてきたことを後悔したことは、一度もない。産んでくれて、ありがとう」

母は安心しきった様子で一層激しく泣いた。

その後、父と母は改名も手術もすべて自分の好きなようにしていいと、ポジティブに賛成してくれた。

「自分の人生なんだから、好きに生きろ」

と。

かくれんぼをやめるのに、三十三年もかかっちまった。けど、三十三年でやめられたことを嬉しく思う。できなかったことを数えて嘆《なげ》くより、一つでもできたことを数えるのが僕の生き方だから。

結局、親が惚けるなんて僕の思い込みだった。僕は親を偏見の目で見ていた。それはつまり、ゲイや性同一性障害に偏見を持っていたのは自分のほうだったってことだ。

子どもの頃、天井の模様がオバケに見えたことがないだろうか。気にすれば気にするほどはっきりした顔が浮かび上がってきて、布団のなかで怖い思いをした経験はきっと誰にでもあるだろう。一人で考えていると、どんどん妄想はふくらんでいくのである。

想像力というのは果てしない。果てしないぶんだけ間違った方向に進むと、事実とはかけ離れたところに行ってしまう恐れがある。僕が間違った想像をしたのは、親とのコミュニケーションを絶っていたからだ。

行き場を間違えないようにするためには、人とコミュニケーションをとったほうがいい。自分の経験からそう思う。

名前に託した思い

匠《しょう》は改名後の名前だけれど、この名前は自分で考えたものだ。英語圏への進出を狙っていたので英語で呼んでも通じるものにした。Showって単語があるからね。いつかハリウッドに行きたいってこと。旅行や観光じゃなくて、脚本家としてハリウッドの映画界で活躍したいんだ。だからショウは、映画のショーでもある。我ながら生き方を表すいい名をつけたと思う。

けれどこの匠にするまでは大変だった。なかなかいいのがなくてね。実は、一度は「凌《りょう》」

に決まりかけていた。これも英語圏で通じる（らしい）し、「しのぐ・越える」という意味だから力強くて気に入っていた。けれど甥っ子が似たような名前だったので「呼びにくい」ということで親が難色を示したのだ。自分の意志で改名するんだから、自分の好きな名前にしようと思っていたけれど、呼びにくくて定着せずに旧名で呼ばれたら元も子もないので、凌は諦めた。このことがあったから、前もって親の意向を訊いておいたほうがいいなと思ったので、

「なんかいいのある？」

と訊いてみたら、何て言ったと思う。

「実はねえ、お前の名前（＝旧名）を付けるときも、いいのがなくて困ったんだよ」

だと。おい、おい、それどういう意味だよ、と突っ込もうと思ったら、間髪入れずに、

「たくさん幸福に恵まれるようにつけたんだけど（旧名はその意の字である）、どうやらうまくいかなかったらしいな。多くを望みすぎたのがまずかったのかなあ」

と追い討ちをかけてくれた。まるで吉本の芸人みたいなことを言っているが、うちの親はごく普通の一般人だよ。

ま、べつにいいけどさ。自分の好きな名に改名できたんだから。

▼性同一性障害の会、設立!?

忘れもしない。あれは親に性同一性障害であると告げた二週間後のことだった。実家に呼ばれたので、顔を見て言いたいことが何かあるのだろうと思って出向いてみたら、親が燃えていた。もちろん火事になっていたわけでも、人体発火現象を起こしていたわけでもない。

「性同一性障害の人の力になるような会をつくろう！」

と、言い出したのだ。そうである。彼らは、何かの正義感に燃えていたのだ。それはもうものすごく唐突だった。こっちにしてみれば、おい、おい、ちょっと待ってくれよ状態である。カムアウトした直後に僕が風邪を引いてしまい、彼らとコンタクトを二週間もとらなかったのがいけなかったようだ。僕が風邪で臥《ふ》せっている間、母と父は交互に泣いていたらしい。母が泣けば父が励まし、父が泣けば母が活を入れる。この繰り返しだったそうだ。なるほどね。だから本人や家族が互いに励ましあえるような会をつくろうと思ったわけね。

「けどさ、なんでそんなに泣いてたの？　僕が泣くならともかく、どうして二人が泣くんだろう」

と、想像すること約二秒。嫌な予感を抱きつつ、単刀直入に訊いてみた。すると見事的中。

親はインターネットで性同一性障害の情報を探し、当事者の告白を読んでしまったのだ。しかも、親がアクセスしたのは、僕と最も波長が合わないタイプの人の告白文だった。その人は、他の性同一性障害の人たちを大きく引き離して、ぶっちぎりで暗い表現をする根クラな性同一性障害である（これはあくまでも僕がそう感じるだけなので、本人が本当に根が暗いかどうかは知らないけれど）。

まったく、自分の子供に訊きゃいいものを、なんでわざわざインターネットで調べるかなぁ……あ、僕が風邪で倒れていたからか。すまん。

結論としては、

「やだよ、面倒くさい」

と、即答で会を設立する話は断った。同じ問題を抱えているからといって、同じ行動をとるわけじゃないし、同じものを目指すとも限らない。たとえ目指すものが同じであったとしても、そこにたどり着くまでの道は十人十色。当事者といっても人それぞれ違うからさ、一枚岩なんかになりっこない。個人より集団で活動したほうが目標に達しやすい、なんて神話を僕は信じない。集団に属したことで、あちらを立てればこちらが立たずになるようなことは、まっぴらごめんだ。僕は一〇〇%自分の思うままに生きたいから、集団に属さないし、集団を代表するなんてこともしたくない。

親は僕の意思を尊重して、あっさりと会を設立する話は引っ込めてくれた。燃える親を無事鎮火できてよかった。

▼ゲイや性同一性障害を誇ってどうすんねん!

「どうして俺はゲイじゃないんだ?」

友だちによると、あるミュージシャンの男性がこんなふうに愚痴っているとのこと。どうやらその男性は、ゲイはみんな、芸術の才能があると勘違いしているらしい。もしかしたら彼は、黒人はみんなバスケットボールとラップがうまくて、新潟生まれの人はみんな酒豪で、男性はみんな運転が得意で、女性はみんなおしゃべりだと思っているのだろうか。

ノンケ(同性愛者じゃない人)にいろんな人間がいるように、同性愛者にもいろんな人たちがいる。同性愛者がみんなマライア・キャリーみたいに歌がうまかったり、ピカソのように絵を描けたり、シェイクスピアのように戯曲を書けるわけじゃないのだ。

同性愛も性同一性障害も生まれついての単なる性質であって、それは芸術のセンスのもとなんかじゃない。ましてや味の素でもない。だから、憧れられても困るのだ。そりゃあ蔑まれるよりは心地いいけど、どっちも特別視って意味では一緒だから、嫌だね。

特別視するんじゃなくてさ、当事者をちゃんと見てほしいんだよ。瞼《まぶた》の裏に映るイメージじゃなくて、しかと目を開けてみてくれいっ！　あなたの目の前にいるゲイは、歌が上手いかい？　性同一性障害の人は絵が上手いかい？　僕はジョージ・クルーニーに似てるだろ？最後の文だけ質問形式が違うことには目をつぶってもらうことにして、蔑んだり、憧れたりするんじゃなくてさ、向き合ってほしいんだよね。

それから、当事者は目を覚まそうぜ！

ゲイや性同一性障害であることを誇りに思う、と言う当事者をときどき見かけるけれど、僕はそれは違うと思うんだ。冒頭に書いたミュージシャンの台詞をおかしいと思うようにね。誇りというのは、生まれついての性質に抱くもんじゃないじゃん。誇りってのは、生まれもった性質なり、頑張って手に入れた能力なりを活かして、他人に出来ないようなことを成し遂げた者だけが持てるものでしょ。例えばさ、背が高いことをやたら自慢するヤツっているよね。「ジーンズの裾あげなんてしたことないよ。足りないぐらい……」なんてさ。

「背はすごく高くても、お前はちっともすごくねえよ」

って思わない？　背がすごく高いのと、お前がすごいってのは別の話だろって。ゲイや性同一性障害を誇るってのは、僕にはそれぐらい滑稽なことなんだ。

▼覚悟

ここまで読んでも、

「やっぱり本当の自分を曝《さら》すのは怖い」

という人もきっといるだろう。全員に好かれなくていいやと居直《いなお》ったり、嫌な相手は放っておくと腹をくくっても、最後の最後でたじろいでしまうかもしれない。

日本ではめったにないが、米国ではヘイト・クライム（憎悪による犯罪）なんて言葉があって、同性愛や性同一性障害が被害者になっている。映画『ボーイズ・ドント・クライ』は、性同一性障害の人が殺される話だが、これはアメリカで実際にあった事件を基にしたものだ。こんな話を見聞きしたら、自分を曝すのが怖くなっても当たり前である。誰にでもカミングアウトしている僕でさえ、アメリカの増悪犯罪を耳にすると実はやっぱり怖いと思う。が、この恐怖に打ち勝つ方法というのがあるのだ。

それは、反撃すること。

身に危険が迫ったり、相手に嫌なことをされたら反撃するのである。殴られたら殴り返せというわけだ。単純なようだけど、これが意外と効果がある。

中学の頃、僕をいじめるヤツがいた。いじめといっても、僕を呼ぶときにちょっと肩を強く叩いたり、頭を小突いたりする程度だったんだけどね。もしも僕が怒ったら、

「大人げない」

と周りの人間に僕が責められただろう。その程度の意地悪をするヤツだった。相当ずる賢かったんだと思う。

そいつがある日、僕の頬を張り倒したのである。どうやら手元が狂って思わず力が入ってしまったらしい。そんな感じだった。そのとき僕はどうしたかというと、間髪入れずに相手の頬を殴り飛ばしたよ。相手の倍ぐらいの力でね。目には目をではなく、目には歯をぐらいの勢いで。

その一件以来、そいつは一切僕に手を出さなくなった。

いじめっ子とか、憎悪で犯罪を犯すような人間というのは底意地が悪いから、こっちが無抵抗だと歯止めがきかなくなる。それを止めるためには、

「こっちだってやるときゃやるぜ」

という態度を示さなければいけないのである。

反撃の例としては極端だが、『評決のとき』という映画をご存じだろうか。幼い娘をレイプされた父親が犯人を殺して逮捕されるが、無罪を主張する物語だ。

僕にはこの父親の気持ちがわかる。無罪を主張する気持ちではなく、犯人を自らの手で殺

す気持ちがわかるのだ。こんなことを書くと、

「報復は許されない」

「いかなる理由であっても、人を殺してはいけない」

といった言葉が飛んできそうだが、道徳心の他に感情というものが人間にはある。傲慢《ごうまん》だとけなされようとも、人殺しと非難されようともかまわない。断言させてもらう。僕なら殺す。最愛の人が殺されたら、激情を抑える自信は僕にはない。

だから自分ならきっと犯人に復讐《ふくしゅう》する。けれどそのときは、映画の父親とは違って有罪を覚悟して報復するだろう。映画の主人公が犯人を殺したことに賛成はできないが、共感はできる。けれど無罪を主張することには共感できないどころか、嫌悪《けんお》を覚えるのだ。人を殺しておいて無罪を主張するのは許せない。報復するのであれば、それなりの覚悟というものが必要なのである。

なにやら物騒な話になってしまったが、手っ取り早く言えば、やられたらやり返していいということだ。ただしやるときには覚悟をもってやること。やり過ぎれば当然自分の身を滅ぼすことになる。でも、自分の身が滅びる前にやり返さなければ意味がないのだ。

第Ⅲ章▼ XとYの深い溝・今明かされる恋の話

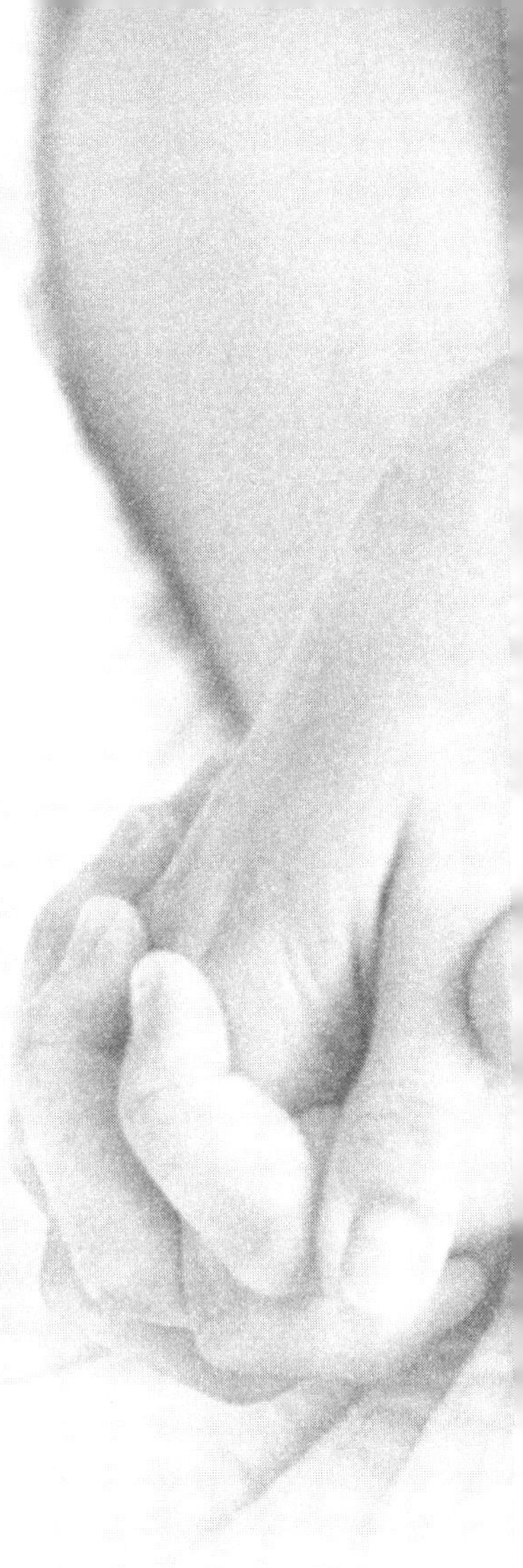

▼女体である唯一にして最大のメリット

女体であることにもメリットがある。なんて書くと、これまでさんざん女体で生まれてきてしまったことが嫌でたまらないと書いていたのは嘘だったのかという突っ込みが聞こえてきそうだが、嘘じゃない。でも、女体であることは嫌だけど、メリットがあるというだけだ。「体は泣けるほど嫌だが、下心は満面の「顔で笑って心で泣く」ことのできる日本人だもの。笑み」であってもいいじゃないか。

女体であるメリットとは、男体よりも女体のほうが女性に近づきやすいということだ。女性にボディタッチするくらいたやすいもの。どうだ、羨《うらや》ましいだろう。といっても肩に手をまわす程度だよ。誰だよ、変なことを想像したのは？

相手の女性にしてみれば、女体の僕が近づいてきたとしても、まさかそこにエッチな感情があるとは思いもしないからだろうね。腕ぐらいなら楽勝で組めるよ。けれど、心が男であることを言わずしてボディタッチするのはフェアじゃないってことぐらいは心得ている。だから自分が男の心を持っているということを告げてからやっている。我ながら紳士的で好感が持てるというものだ。

ナニナニ？　紳士的ってことに納得できない、お前はただのセクハラ・オヤジだろって？　ちっちっちっ（と言いながら人差し指を立ててワイパーのように振る）、甘いな。僕は自他ともに認めるセクハラ・ナイス・ガイなのだ。

もちろんセクハラ・ナイス・ガイのセクハラを嫌がる女性もいる。これまで、肩に手をまわして平手打ちをくらったことはないけれど、ビクッとされて二センチほど身を退《ひ》かれたことはある。彼女たちはきっと僕のことが嫌いなんじゃなくて、ボディタッチが嫌いだったんだろう。と、都合のいいように解釈しておこう。

一方、僕が手を出しても（こう書くとなんだかとっても淫靡《いんび》だなあ）、まったく気にしない女性もたくさんいる。少しは気にしろよ！　とこっちが突っ込みたくなるほど彼女たちは動じない。僕は空気か？　いや、待てよ。ひょっとしたら僕に惚れていて、あまりの嬉しさに感激して身動きできなくなったのかな。まいったな、これだからモテる男はつらいぜ。

「お前のポジティブ思考って、もしかしたら超ご都合主義なんじゃねえか？」

という疑問を抱いている方も、そろそろ大勢いると思うのでここで明らかにしておくが、もしかしたらではなく僕は完璧なるご都合主義なのだ。そこのところを間違えてほしくない。目の前に転がる不愉快な出来事を解釈次第で愉快にできるのであれば、どんな考え方だって受け入れるし、どんなことでも実行する。それが僕のポジティブ思考だ。

▼出会いが少ない本当の理由

女体であるメリットは先ほど述べた通りだが、出会いがなければメリットも何もないし、ましてや恋ははじまらない。出会ってもいないのに一人で勝手に恋を始められるのはストーカーだ。僕はストーカーではないので、出会いが必要だ。犬も歩けば棒にあたるぐらいなのだから、僕が出かければ女性にあたらないわけはないだろう。という考えのもと、僕は出不精《でぶしょう》なのにいろんなところに出かけていく。が、実際に街を歩いてみると、棒にぶち当たっている犬などどこにもいないように、女性と出会っている僕もどこにもいないのだ。現実は厳しく、ことわざのようにはいかないんだね。

しかし、こんなことで諦めてしまうほど僕はヤワではない。第一、自然に逆らうのが人間の営みというものだ。多くの人間が、地震、雷、水害、嵐、空腹、背の低さ、肥満、金欠、容貌《ようぼう》といった問題に立ち向かっていることを考えれば一目瞭然である。だから僕は街に出る。けれども奇妙なことに、僕が出歩く街にはなぜか女性がいないのだ。眼が二つ、鼻が一つ、耳が二つ、足は二本で、手も二本、頭は一つという女性ならいるのだが。ここでいう女性とは、ちょっと冷たい感じがするぐらいの美人で、眼に力があって、濡れた瞳をしていて、体型は痩せ形の筋肉質、そのうえ相手の気持ちを尊重できる思いやりと優しさをもっていて、男に甘えても度を越すことがなく、一人で問題を解決できる自立した女性である。たったこれだけの条件を満たす女性が、街にはいないのである。不思議だ。この謎を解明するために、友だちに話したら、

「ちっとも不思議じゃねえよ！　あんたは捨て牌《ハイ》が多すぎる」

と、なぜか怒られた。なぜ怒られなくてはならないのか、不思議だ。

正直に言うが、僕はメンクイである。などとバカ正直に言うと必ず、

「外見なんて変わるよ。大切なのは心よ、心！」

という反論が返ってくる。まるで、

「お前は人間じゃない。妖怪人間ベム・ベラ・ベロだ」

ぐらいの勢いで、僕の人間性まで否定されることが多い。これには大きな声で、ちょっと待てよと言いたい。外見は変わっても心は変わらないなんて、いったい誰が決めたんだよ。人は外見が変わるように、内面だって変わる。結婚する前（あるいはつき合う前）まではフェミニストを気取っていた男が、家事も育児もしない（したとしても一日数分やった程度で「おれは家事を手伝っている」と豪語するバカ）男になったりすることもある。病気になったときにおかゆをつくってくれた女が、「風邪をうつされると嫌だから」といって、同じ部屋に入ることさえ拒むようになる例もあるだろう。

立て続けにネガティブな変化の例をあげてしまったが、人の内面はポジティブな変化を遂げることだってある。例えば、誰かを好きになってはじめて、自分だけ楽しければいいという自己中心的な考え方を捨て、自分のことより相手を楽しませたくて、相手の立場や気持ちを尊重するようになったり、相手の力になってあげたいと切に願う優しい気持ちになることもあるだろう。誰かとつき合うことで、人間性が磨かれて成長することだって多いのだ。だから、人は外見が変わるのと同じように、内面だって変わる。以上のことから、僕がメンクイであることは十分に正当化できたはずなので、話を出会いの続きに戻すとしよう。

タイプの女性に街やパーティ等で出会うことはめったにない。めったにないということは、少しならあるということだ。だからそのめったにない出会いは非常に大切にする。出会ったら必ず自分からアクションを起こして、声をかける。ガンガンいく……とは自己申告で、女友だちに言わせれば、僕の積極的な行動は普通の男たちの平均値以下の勢いしかないそうだ。がんばっているんだけどなあ。

体が女であるメリットとして、男体よりも女性に近づきやすいと前に述べたが、つまりこれは打ち解けやすいということだ。いったん打ち解けた関係が築ければ、性同一性障害であると打ち明けても、多少驚かれる程度で嫌われたりはしない。性同一性障害かどうかなんて関係なく、僕の素晴らしい人間性が伝わっているから人間関係が壊れることはないのだ。

となると、打ち解けた者どうし、話が盛り上がっていい感じでことが運ぶんじゃないかと思うだろう。甘いな。あまりにも親しみやすい男を女はどう思うかというとだな、ただの遊び人と思うのですよ。その証拠に、性同一性障害であると告げると、多くの女性は必ずといっていいほど、

「いろんなおもしろいお店を知ってそう。今度つれて行って」

とのたまう。

この場合のおもしろいお店というのは、いわゆるオカマバーだったり、レズビアンのバーであると考えられるが、残念ながらこれは僕の管轄外である。もし仮に「おしゃれなお店」のことだとしたら、その女性は著しく洞察力に欠けると言わざるを得ない。これは僕がおしゃれとはかけ離れた人間だという意味ではない。僕におしゃれを求めるのは、木村拓哉に「キムタクを紹介して」と頼むようなものという意味だ。つまりおしゃれそのものである僕に、おしゃれなものを紹介しろと言われても困るのである。

このように性同一性障害であるというだけで、女性から遊び人でもないのに遊び人と思われ、遊び人のくせしておもしろいお店を知らないということで、ダブルでダメ出しをくらってしまうのだ。

かくして、①タイプの女性の存在率が少ない、②タイプの女性に出会っても、相手が僕に惚れることが少ない、ということで僕が望む出会いは恐ろしいほど少ないのである。

▼男と男の子の深い溝

「ほんと、男の子って単純でかわいい」

女友だちが僕の目を見ながら言った。街でかわいい子犬を見つけたような感じの声で。おい、おい、ちょっと待て。僕はナイス・ガイ（少なくともセクハラ・ナイス・ガイ）だぞ、男前だぞ、色男だぞ。寿司を二人前食う一人前の男だぞ。そんな男に向かって、男の子とはいったいどういう了見だ。なんてまくしたてても、どう反応したらよいのか読者はさっぱりわからないだろうから、バックグラウンドを説明しよう。

先日、またしてもある女の子に惚れてしまった。ある仕事場で出会った子である。その日、ふとしたきっかけから言葉を交わした僕らは、お互いに仕事場という公の場であるにもかかわらず、意気投合して話が盛り上がった。あとちょっと（三十分ぐらい）でデートの約束までこぎつけられそうだったのでがんばって口説《くど》いていたのに、時間切れになった。僕に次のアポイントが入っていたためだ。口説くのを途中でやめて向かった次のアポイント場所にいたのが、冒頭の言葉を僕に暴投した女友だちである。

「あと五分で口説き落とせたのに……」

その友だちに、三十分から五分に時間を縮める程度に話をオーバーにして嘆きながらいきさつを話したら、

「本当に相手の女の子のことが好きなら、あと五分で口説けたとか言わないね。内緒にしとくはずだよ」

と諭された。つまり、僕の想いは本当の恋じゃないというわけだ。これにはさすがに大人しくてナイーブで内気で優しくて繊細な僕も、

「それじゃあまるで、俺（の彼女に対する気持ち）がいい加減みたいじゃねえか」

と、反論せずにはいられなかった。そしたらその女友だちは反撃に反撃を繰り出すという、白ヤギさんと黒ヤギさんのお手紙の食い合いをはじめた。

「だったら、マジで口説いて連れてくればよかったのに」

「そんなことできるわけないだろ」と言い返したら、「今から電話して呼び出せ」とか、挙げ句の果てには「とりあえずエッチしてから考えろ」とか言いたい放題である。セックスしてみなければ本当に愛せるかどうかなんてわからないと言うのである。僕が口説いていた女の子は簡単にセックスするような女では絶対にないと思ったので、

「バカ野郎！　彼女はそんな子じゃないよ」

と異議をとなえた。そしたら冒頭の言葉が飛んできたのだ。

「ほんと、男の子って単純でかわいい」

友だちいわく、僕は女の子を口説くためにがんばっているつもりでも実は奥手で、口ではデカいこと言うくせにナンパする行動力が伴わない。しかも女の本性を知らないから、勝手に女を神聖化して一人で想像力をふくらませて盛り上がる。そうして勝手に勘違いして入れ揚げて一途《いちず》になる、という性格らしい。そしてこれこそがまさに「男の子」の特徴なのだそうだ。

「それじゃあ、いいとこないってことか」

と一瞬落ち込んだのだが、次の瞬間、

「ならば『男』とは、いったいどういう人物なのだろう」

という疑問が浮かんだ。さっきの特徴が「男の子」のものであるとするなら、「男」っていうのは、口では何も言わずに行動あるのみで、女の本性を知っているから女を既知のものとして見下して、想像力がないから盛り上がりに欠ける。おまけに勝手に思い込んだり、勘違いしないから、一人の女に入れ揚げたりしないで浮気ばかりする、となる。これってつまり、ダメ男じゃん。

僕は男じゃなくて、男の子でよかった。

▼セックスにはこだわらない

　さて、セックスの話である。心が男でも、男心についてくるはずの節操のない下半身が僕にはついていない。だからいくら望んでも、（相手の女性への）いわゆる挿入という形のセックスはできないのだ。が、しかし、それがどうしたというのだ。手や口があるじゃないか……ゴホン、失礼しました。話が下ネタになってしまいました。ここはひとつ、欲望という名の感情に流された理性を取り戻すために、頭を使う問いを立ててみたい。その問いとは、セックスは何のためにするのか？

　快楽のためなら、マスターベーションでいいじゃないか。人間の本能だというなら、街でお気に入りの子を見つけたらレイプしなければいけなくなる。理性も倫理も道徳もないのが本能なのだから。セックスは恋人（または夫婦）の儀式や義務というのであれば、自分が本当に心の底から嫌ならしないだろう。

　セックスは何のためにするのか、という問いには、「愛を確かめるため」という解答が最もふさわしいのではないかと思う。どんなに可能性が低くても、合理的判断に従えば、残された可能性こそが真実である。と、かの有名なポワロもテレビで言っていたではないか（うろ覚えなので間違っているかもしれないけれど）。ここまで力説しても一部の輩は「セックスが愛を確かめる行為なんて、ありえない」と異議をとなえるかもしれないが、たとえ「ありえない」と思っても感情に流されてはいけない。感情ではなく、理性で判断してもらいたい。セックスは愛を確かめる行為なのだ。

では、挿入しなければ愛は確かめられないのだろうか。否である。愛などなくても挿入できる不届きな男が存在するように、挿入などしなくても愛のあるセックスをできる男はいる。それが僕だ。

セックスは嫌いじゃない。むしろ好きだけど、何が好きかというと、肌の温もりを感じられることが好きなのだ。肌の温もりを感じられることができれば、別に服を脱がなくても構わない。実際、僕は服を脱がない。相手は脱がせるけどね。相手が気持ちよくなってくれればそれで満足だ。それで十分嬉しい。挿入なんてしなくても、相手を気持ちよくさせてあげることができればいいと思う。相手が挿入を望めば、手や口で応じるよ。僕にとってセックスは、愛を確かめるという目的を達成する手段に過ぎない。

ちなみにセックスの最中は、服を脱ぎもしないし、自分の体を相手に触らせもしないので、女性から文句を言われることがある。けれど文句を言いながらも別れないのだから（少なくとも、つき合っている期間は別れない。たとえそれが三カ月だとしても）、挿入なんてしなくても大丈夫という証拠だろう。

極端な話、セックスの相手だけならどうにでもなるんだよ。相手さえ選ばなければ、そういう者どうしで寝られるはずだ。けど、セックスだけじゃ嫌だからつらいんだよ、寂しいんだよ。手をつなぐ温かさや、映画を観て同じところで笑ったり泣いたりする心の繋がりや、なんの目的もなしに同じ部屋にただ一緒にいられる安心感が欲しいんだ。そういう関係を二人で築きたいんだ。だからセックスなんかにこだわりはないし、挿入なんてどうでもいいと思ってる。

▼振られるパターン

人間には二種類ある。一つは振る側と、もう一つは振られる側だ。振る側の人間には一種類しかいない。それは女である。女はつき合っている男がいても他に好きな男ができると、それまでつき合っていた男のほうを振る。それが誠意だと思っているらしいが、恋人がいるのに別な男を見つけてくるということ自体が極めて不誠実である。まったくもって許しがたいが、新しく見つけた男性というのが僕であるならば許そう。

前置きが長くなったが、僕は女ではないので振る側ではない。つまり、振られる側の人間である。モテないという意味ではない。女でないから自動的に振られる側になるということだ。こんなに一生懸命自分を擁護《ようご》する文章を書いている自分が情けないが、もっと情けないのは女が僕を振るときの台詞をパターン化できるほど、何度も振られているという事実である。ううっ……書いているうちに、なんだか悲しくなってきた。

女が僕を振るときの台詞はたいてい、次の二つのパターンにおさまる。①結婚したい、②子どもが欲しい。振られると落ち込んで、その場では何も言えなくなるのだが、パソコンに向かっている今なら冷静に喝破《かっぱ》できる。僕を振る理由としては、あまりにも貧弱だ。

まずは①結婚したいという理由から打ち砕いてさしあげよう。二〇〇三年七月を境に、この理由は通用しなくなった。新しい法律ができて、性同一性障害の人は戸籍の性を変えられるようになったからだ。今のところ戸籍が女である僕は、女性とは結婚できない。けれどこれからは、「結婚したい」という理由で振られそうになったら、「戸籍を変えるよ」と言い返せばよくなったのだ。なんと素晴らしい法律なんだろう！　この法律ができて、どれだけの当事者が喜んでいるかはわからないが、僕を振る理由を奪われて残念がっている女性は多いだろう。わーい、わーい、ざまあみろ！　法律なんかに頼って人を振ろうとするから痛い目に遭うのだ。この際だから、一気にとどめを刺してやる！

結婚なんて、役所に届けるただの紙切れじゃねえか。それにいったいどんな価値があるというのだ。だいたい、いつもは役所のことを「午後五時に閉まる窓口なんて役に立たない」

だの、決まり切った手続きや判子がないと通らない融通の利かない事務手続きを「お役所仕事」といってバカにしているくせに。どうして世の女性は結婚となると、お役所での手続きを重要視するのだろう。それに何より理解しがたいのは、どうして恋愛の相手をいちいち政府に届け出なくちゃいけないいんだろう。

「これまではこの人に惚れていましたけれど、これからはこの人にチェンジします」

などというプライバシーを自ら役所に報告・登録するなんて、まったくもって理解できん。それに、役所なんかに届けなくても、一緒に暮らす事実婚という手もあるじゃないか。結婚したいから僕とはつき合えないというのは、振りたいがためにわざわざ取り出してきた理由としか思えない。役所を登場させてまでして、振ろうとするなよ。

次に、②子どもが欲しいという理由だが、今どき人工授精だってできるし、里子という手もある。もう少し時間がたてば、クローン人間だって可能になるはずだ。子どもが本当に欲しいならいくらでも手はあるのだから、この台詞も僕を振るための口実にすぎないと思える。以上のことから、どう考えても女性が僕を振る理由には正当性が感じられない。おそらく、振る台詞はどうでもよくて、僕のことが嫌いなだけだろう。そうとしか思えない。と、先日ある女性に嘆いたら、

「女がそう言ってお別れするのは、あなたへの精一杯の愛情なのよ」

と慰めてくれた。なんて心根の優しい女性なんだろう。そんなに優しくされたら、惚れち

ゃうよ。

もしかしたらこの女性の言う通り、相手は僕を傷つけないために結婚したいとか、子どもが欲しいとか言っているのかもしれない。けれど、やっぱりその台詞は胸に痛い。自分が社会的には女であるということを意識させられるからね。たとえ愛情から出た言葉だとしても、一番傷つく言葉なんだよ。この世に自分の居場所がないような気持ちになる。

二つの台詞が女性の優しい気持ちの表れだということは、本当は僕もわかっている。けれど法律やDNAを別れの原因にされると、僕の人間性を否定されたわけじゃないぶんだけ余計に悲しくなる。だってさ、そんなの優しすぎるじゃん。優しくされたら、思いが残るじゃん。振られたら潔く身を退くよ。相手の気持ちを思いやることが愛だと信じているから、振られたら相手の気持ちを尊重して身を退く。けど、優しくされたら思いが残る。それはつらい。振るなら思い切って正直に「好きじゃない。嫌いなの」と言い切ってくれたほうが諦めがつくし、傷も浅くてすむ。

なんて思っていたら、この前告白した女の人に、「相手が男でも女でもどっちでもいいけど、あなたじゃダメなの」と断言された。実際言われてみると、ものすごくショックだった。やっぱり法律とかDNAのせいにされたほうがいいかも。

「じゃあいったいどうやって振ればいいのよ」

と、苛立ちを込めて問いただしたくなった女性もいるだろうが、基本的に僕を振らなければば何も問題は起きない。

が、それでもどうしても僕を振りたいというのであれば、

「わたし、女の人が好きなの」

とでも言ってくれ。

▼バリモテへの道

僕がこうして数々の恋愛話を書くのは、いわゆる「男」に対するルサンチマンがあるからだ。「男」というのはこの場合、僕が惚れた女性がつき合っている相手のことだったり、あらゆる女性に好かれていると思われる、木村拓哉や豊川悦司やジョージ・クルーニーのことである。なぜ女性は僕ではなく彼らに惚れるのだろう。あるいはなぜ僕は、彼らのような色男ではないのだろう。これが男に対するルサンチマンなのだ。まったくもって腹立たしいかぎりだ。

このルサンチマンを解消するためには、性別適合手術（当事者は「性転換」とはあまり言わない。なぜなら転換するのではなくて、心に合った性別の体に治すだけという意識がある

からだ）と美容整形をすればいい。そうすれば内面はともかく、外見は彼らのようになれるからだ。

　しかし、外見さえ変われば本来の意味のバリモテになって幸せな人生を謳歌《おうか》できると考えるのは、あまりにも浅はかだ。入院中にちょっと優しくしてくれた看護婦に惚れて、退院後に結婚してしまうほど浅はかだ。たとえ外見が変わってもＤＮＡは変わらないのだから、いわゆる一般的な（大多数の男がそうであるような）男にはなれないのである。この先、遺伝子治療の技術が進めばＤＮＡの総入れ替えも可能になるかもしれないが、少なくとも僕が生きている間にはそんなことはできないだろうから、そんな夢のような話をここで考えても意味がない。今の医療技術では、体は心に適合させて男にすることはできても、ＸＸという性染色体を心に適合させることはできないのだ。

　となるとだ、体を男にしたら消えるはずのルサンチマンは、性別適合手術後はＤＮＡが男でないというルサンチマンに置き換わることになるだろう。僕のルサンチマンは、宇宙に漂うチリのように永遠に消えることがないことになる。だとしたら、ルサンチマンと決別するためには、ままならない現実との戦いに、いつかは終止符を打つ必要があるということだ。

「女であるという事実を受け入れろ」

　かつて僕にそう命令した人間がいる。が、そんなのお断りだ！　心が男であるという事実を葬り去って、ＤＮＡが女であるという事実のみを受け入れるなんて、戦わずして敗北を認めるようなもんじゃねえか。戦わなきゃ、心は死ぬんだ！　理想と現実の間のどこで折り合いをつけるかは、僕の自由だ。誰にも指示されたくないし、誰にも指示する権利もない。他人の生き方や考え方をコントロールする権利など、誰にもないのだ。

「俺は男である」という僕の主張を認めないような輩《やから》を許さない。これはその手の輩と永遠に不毛な言い争いをするということを意味しないし、あっさりと決別をするということも意味しない。誰かと争い続けたり、誰かを無視し続けることは僕の人生の目標ではないから。重要なのは、いかに今を楽しく生きるかということだ。いかに人生を楽しむかが大切なのだ。僕の心を踏みにじるような了見の狭い人たちと戦っている暇などない。敵を叩きのめすのが楽しければそうするけれど、そうすることで自分の人生の楽しみが奪われるなら、野放しにしておく。それだけだ。

臨機応変、変幻自在に生き抜いてやる。自分の人生ぐらい自分で決めるさ。誰の指図も受けない。自分で自分を一〇〇%コントロールして、人生を楽しみながら生きてやる。

僕は誓う。他人の人生には干渉しないと。それほどの愚か者（あるいは独裁者）には、絶対になりたくないからね。

▼バリモテへの道～パート2～

「お前が人生に満足することは永遠にないだろう」

　僕の話を読んでいるうちに、こんな嫌な占いみたいな予言をしたくなった人もいるだろう。男に対するルサンチマンが一生消えないってことを根拠にね。でも勝手に人の人生を決めつけてほしくない。朝、ラジオをつけたらいきなり、

「今日もっとも運勢の悪い星座は○○座です」

　と、あなたの星座が聞こえてきたらむちゃくちゃ腹が立つでしょ。それと同じ。他人の人生を占うだけで、災難に遭わなくてすむ方法を教えるつもりがないなら、黙っておいてくれ。第一、人生満足に浸ることがそんなに価値があるとは思わない。一〇〇%満たされた人生なんておもしろいかい？　満たされないものを努力して補完していくほうが、よっぽど楽しい生き方だと思う。これはべつに不得手な分野を無理して伸ばすという意味じゃなくて、得意なことであってもその技術を磨いて、より高い技術を身につけるということだ。つまり、よりうまくできるようになるということ。成長と言い換えてもいいだろう。満たされた状態に満足して成長しない人生なんて、なんぼのもんよ。

奮闘するように生きる僕の姿をぶざまだと蔑む人がいるかもしれないけれど、僕は他人の物差しで自分を測ったりしない。自分の価値ぐらい自分で決める。他人からいくら高い評価を受けても、心から胸を張って生きることができなければ意味がない。自分で納得できる生き方をしなければ、自分を好きになれないだろう。そんな自分を果たして誰かが好きになってくれるだろうか。たとえ好きになってくれたとしても心の底から喜べるだろうか。自分の好きな自分が、他人に好かれるということが、真のバリモテだと思う。

自分の気持ちや考えを抑えて、周りの価値観に合わせて生きなければ社会的に認められないぞ、と警告する人もいるだろう。けれど、自分の気持ちや考えを出さないということは、心を殺して生きることと同じではないのか。少なくとも僕にとっては、自分を男だと確信している気持ちを無視して生きるということは、心臓が動いているだけで、心は死んでいる状態だ。心を殺してまで生きても意味がないことを、僕は知っている。心を殺せ、周りに合わせろ、わがままをやめろと命令する人は、単にその人が心を殺す必要のないほど恵まれた環境で育ったか、心を押し殺そうとする社会的な圧力を感じ取る能力がないほど鈍感であるか、そのどちらかだろう。少なくとも、自分の意見以外は認めず、自分と違う生き方をする他人を評価しないでけなした時点で、人の頭上に見えない天井をつくって能力を奪っているということに気づけないほど鈍感であるということは確かだ。もしそれを承知でやっているのだとしたら、ヒトラー二世と呼んでさしあげよう。

僕自身は自分が認める価値以外は認めないなどという傲慢《ごうまん》なことは、これまでに一度も言ったことがないよ。それどころか、自分の考えが大切であるように、他人の考えも大切だと思っている。良きアドバイスの振りをしながら近づいてきて、僕の生き方を否定したり勝手に変えようとしたりする圧力に僕は徹底抗戦しているだけだ。心を殺して生きることなど、まっぴらごめんだからね。

▼もしも相手が性同一性障害だったら

もし仮に万が一、あなたが今つき合っている恋人が、あなたの思っている性別と違ったらどうするだろう。つまり、男と思ってつき合っていた相手が実は元女だったり、あるいはその逆だった場合、どうするかってことだ。

ホルモン療法と手術をすれば、男から女へ、あるいは女から男へ、体つきを変えることができる。実際、性同一性障害はそのようにして心に合った体を手に入れるのだ。

「本物の男（女）かどうかなんて、見ればわかる」

なんて思った人がいるだろうけど、見た目じゃわからないこともあるよ。この前なんか、僕は女性への性別適合手術済みの元男に、そうとは知らずに惚れるところだったからね。自他ともに認めるメンクイの僕が見てもわからないんだから。あなたのパートナーが手術済みの性同一性障害だとしたら、見かけの性別が遺伝子的性別とは違うことも十分にあり得る。

ここからは想像の話になるけれど、僕の場合、出会う前から相手が元男とわかっていたらつき合わない。けれど、つき合った後に相手が手術済みの性同一性障害だとわかった場合は別れないと思う。もちろんショックは受けるけどね。でも別れないと思う。

「なんで今まで黙ってたんだよ」

って責めるだろうけど、たぶん別れはしない。

なんでだろうね。なんで別れないんだろう。女が好きなのにね。

「男とか女に関係なく、人間性に惚れるから」

という真っ当過ぎる解答はできない。だってさ、人間性に惚れるなら、最初から男に惚れようと女に惚れようといいわけでしょ。でも実際に惚れるのはいつも決まっていわゆる「女性」なんだから。心も体も染色体もジェンダーも、全部が女性である人を僕は好きになるんだから。

……あ、今書いていて気づいた。染色体はどうでもいいんだ。だって、染色体なんて調べなきゃわかんないじゃん。つまり、僕にとっての恋愛の条件は、相手の心と体とジェンダーが女性であることだ。だから出会う前から相手が元男とわかっていても、ひょっとしたらつき合うかもしれない。
あなたなら、どうする?

▼体を愛する女性を愛せるか

もう誰も信じてくれないかもしれないけれど、僕はバリモテである。心がナイス・ガイであるため、女性が放っておいてくれないのだ。これで体を男にしたら、今以上にモテることは容易に想像できる。ここまで読んだ読者がげんなりしていることも容易に想像できるが、せっかくここまで読んだのだから、毒を喰らわば皿までの勢いで、このナルシストな仮定を前提として以下を読んでほしい。

体を男に変えたら今以上にモテるようになるということは、心じゃなくて体に惹かれて寄ってくる女性が純増するということだ。すると気色悪いことに、

「体が目当てなのね」

という台詞は女だけのものではなく、僕のものにもなるという事実に気づかなければいけない。体が目当てで寄ってくる女なんてムカツク……という生理的嫌悪感はあるけれど、残

念ながら認めなければならない、体に価値はあるということを。手術して体を変えたいということは、体に価値があると考えている証拠だから。「体が目当てなのかよ！」と激昂するのも、「体に価値はある」と認めるのも、どちらも僕の心だ。僕の心は矛盾を抱えている。

この矛盾を愛せる女性であれば、僕は愛するだろう。

などと格好をつけて締めくくろうと思ったら、『話を聞かない男、地図が読めない女』という本に、男が考えているほど女は男の体つきを重視していない、と書いてあるじゃないか！

というわけで訂正しよう。この勘違いっぷりを笑って愛せる女性であれば、僕は愛する。

第Ⅳ章▼戦い・本気で生きるための総合格闘技

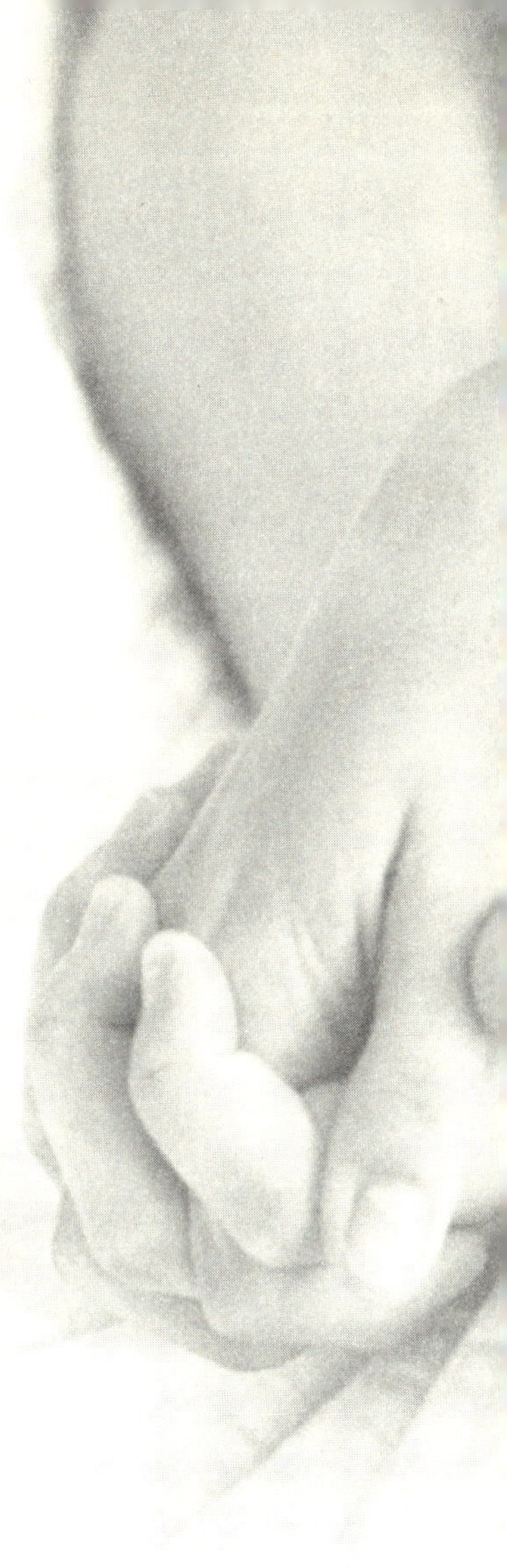

▼故郷を変えるように体を変える

人間には二種類ある。「出身はどこですか」と訊かれたとき、生まれた土地を答える人と、育った土地を答える人だ。僕の経験からするとこの違いは、子どものときに引越しを経験した回数による。つまり、親の転勤であちこち住んだことのある人は育った土地を、引越し回数が少なく一定の土地で暮らしていた人は誕生の地を答える。

僕の場合、生まれは群馬の高崎だけれど、ここは純粋に生まれただけの地である。出身を高崎だと答えた場合、まかり間違って相手に「いやあ奇遇《きぐう》ですね。わたしも高崎生まれなんですよ」などと反応されようものなら大変だ。土地についての記憶なんて皆無だから会話が成立しない。だからこれまでに一番長く育った土地である東京を出身地と答えるようにしている。

小学五年生までに五、六回ほど引越しをした記憶がある。引越しするたびに訛《なま》りがあるといってはからかわれたり、勉強が遅れてついていけなかったり、その逆に「また同じこと習うのかよ」とげんなりしたものだ。今思えば、どんなに友だちと仲よくなっても、やがて別れが来ることを予期していたから、水飴みたいなべったりした関係は好まず、けっこうクールでドライで淡泊《たんぱく》なつき合い方をしていたと思う。

引越しはね、怖かったよ。住み慣れた世界から引きずり出されて、まったく知らない新しい世界に否応なしに放り込まれるんだから。変わりたくない自分を捨てて、変わらざるを得なかった。

新しい世界に適応できるかどうかという不安もあったけれど、どこに行ってもそれなりにうまくやっていけることのほうが怖かった。自分がアメーバになったみたいでね。でもね、いくら怖いことでも何回か繰り返せば慣れる。気づいたらいつの間にか、変わることがそれほど怖くなくなっていた。

それは、一つの考えに固執《こしつ》しなくなったからだと思う。何か新しい知識や意見に接したとき、それが自分の主張よりも好ましいと思えば自分の考えを変える。柔軟に対応する。過去と現在の首尾一貫なんて気にしない。ずっと考え方を変えずに徹頭徹尾《てっとうてつび》意見を変えないことが、価値あることだとは思わない。変わらないということは成長しないということだから。

体にメスを入れて変えることだって、成長の一つの手段だと考えている。現状に納得できないのであれば、納得できるように変えればいい。悩み続けているだけじゃ何も変わらない。悩みを解決したいなら、悩み続けるという自分の態度をまず変えなければならない。そのためにはなんでもいいから、とにかく行動することだ。変わることを怖れていては、何も変わらないのだから。

▼スーツ売り場は異星人との戦いの場

僕はスーツをほとんど持っていない。冠婚葬祭用に二、三着持っている程度で、普段はジーンズにTシャツというカジュアルな格好をしている。べつにスーツが嫌いなわけじゃない。買えないから着られないのだ。スーツが買えないほど貧乏って意味じゃなくて、「男物」のスーツを買うことができないってことだからね。今持っているのは全部、見た目は男っぽいけど残念ながら女物のパンツスーツだ。

男物のスーツが欲しくてこれまでに何度かショップに行ったことがあるけれど、僕が売り場に足を一歩踏み入れると、店内はいつも異星人襲来のような騒ぎになる。もちろん店員が実際に声をあげて叫ぶわけじゃない。

「お前、男？　それとも女？」

という疑問を彼らは口にすることなく、目で問いかける。口じゃなくて目がうるさいのだ。彼らはまるで不審者を見るような目つきで中性的な僕のことをまじまじと観察する。そして体が女だと気づくと、決まってこう突っ込んでくる。

「なんで女が入ってくるねん？」

もちろんこれも無言のメッセージ。そんなのは気のせいだと言うのであれば、女の人はぜひ一度、男物のスーツ売り場で自分の体に合ったサイズのスーツを選んで試着してほしい。男へのプレゼントみたいにして選んじゃだめだよ。男の人なら女性物の下着ショップに入って自分のサイズのパンティを選んでみれば、目がうるさいという意味がおわかりいただけるはずだ。

心と体が違うというだけで、どうしてお客扱いではなく異星人扱いされてしまうのだろう。こっちにしてみれば、目でギャーギャー騒ぐことのできる店員のほうがよっぽど異星人っぽいんだけどねえ。

はっきり言っておくけど、嫌な思いをしたことはちゃんと覚えてるからね。この先、体を手術で男にしたとしても、僕を異星人扱いした店では絶対に買い物したりしない。そんな店も店員も、絶対に許さないもんね。

「一人ぐらいお客が減ったところで、痛くも痒《かゆ》くもない」

なんて店側はせせら笑うかもしれないけれど、お店から消えるのは僕だけなんだろうか？本当はお客である僕を異星人として扱うような店員の目には、売り場にいる多くのお客が泥棒に見えたり、他店のスパイに見えたりしてるんじゃないの？　今どきどうしても必要に迫られて服を買うことなどめったにないでしょ。だから服を買うということは、何を買うかだけが重要なのではなくて、買うときの気分も重要だ。売り場に並べてある品がいくら魅力的でも、売り場にいる店員に魅力がなければお客は離れていくだろう。お客をお客と思わないこんな店は心の底からとっとと潰れてほしいけど、放っておいてもとっとと潰れるだろうから放っておくわ。

▼短大卒の後遺症

履歴書を書くたびに思うんだけれど、仕事を得るための履歴書にどうして性別の表記が必要なのだろう。男女共同参画社会なんたらという法律は絵に描《か》いたモチだったのか、それとも屏風《びょうぶ》に描いたトラだったのかは知らないが、実行力のない単なるスローガンに過ぎなかったんだね。

この絵に描いたモチトラ君は男女平等を成し遂げられなかっただけじゃなくて、履歴書から性別欄を削除することもできなかった。今でも履歴書には性別欄がしっかりと存在している。これが僕の悩みの種なのだ。べつに男女のどちらにマルをつけるか悩むわけではない。自分を男だと思っているので、性別欄は男に堂々とマルをする。「体の性別を記載せよ」という注意書きはないのだから、心の性別を記載しても嘘にはならないと考えるからだ。これを詭弁だと呼びたければ呼べばいい。自分の身に降りかかる不愉快な問題を解決するためならば、どんな手段をつかってもそれをクリアして生き延びてやる。

悩むのは学歴欄を書くときだ。男なのに女子短大を卒業してしまった僕にとって、学歴欄は鬼門である。男にマルをつけた性別欄と学歴欄にミスマッチが起きるからだ。これをクリアするには学校名をちょっと書き間違えるか、思い切って書き忘れるしかない。もしくは正直に書いて、面接官から突っ込まれたときに性同一性障害であるというプライベートなことを告白しなければいけないのだ。誰のせいであろうがなかろうが、これをプライバシーの侵害と言うのだ。なんで病歴を公表せないかんねん。短大に行っただけで、こんな目に遭わなくちゃいけないなんて、まったくついてないわ。

ドラえもんのポケットに「人生やりなおし機」(頭の中身は今のままで昔に戻れるという極めて都合のいい道具)があるそうだが、残念ながら僕はドラえもんに助けてもらえるのび太君ではないし、ドラえもんでもないし、ましてや「人生やりなおし機」でもないので、女子短大を卒業してしまったという過去を消すことはできそうにない。だったら自分の悩みは自分で解決するしかないので、戦略的性別選択制を考案した。なんて無理に漢字をつかって賢い振りをしようとすると、よけいにバカに見えるからやめておこう。単にそのときの状況に合わせて性別を書き分けているということだ。

保守的カラーが濃い会社(住宅販売やウェディング関係)と仕事する場合は、涙を呑んで性別欄に体の性を書く。その一方で、性同一性障害であることを告げても何とも思わないだろうと見込んだ取引先には、性別欄に心の性を書き、短大卒という学歴欄との不整合をあえて承知で出す。それでサヨナラと言われるならば、それでいい。僕の目が節穴だったというだけだ。事例がたまったら、まとめて性差別として訴訟してやる……とは言わないが、性同一性障害であるという不便を世の中に知ってもらうためのネタにはさせてもらう。もちろん原稿のネタにもして稼がせてもらう。

短大卒という後遺症も、力ずくでメリットにしてしまう。これが人生を楽しく生きるために必要なファイティング・スピリットだ。

▼サラシとペニスケースの共通点

社会的生活を営むうえで男女を分けているのは外見だ。一番目立つ外見の違いは、胸のふくらみの有無だろう。早い話がオッパイがあるかどうかということだ。だから体が女である人がサラシで胸をつぶせば、とりあえずの外見は男になる。サラシを巻いて、男っぽい服を着て、男っぽい髪型をすれば、一応男に見えるはずだ。

僕は見た目がどちらかといえば少年ぽいので、体のラインを洋服で隠せる冬は男に見えるらしい。ポン引きの兄ちゃんが「いい子いるよ」と声をかけてくるのだから、間違いないだろう。けれどTシャツで過ごす夏は女に見えるようだ。スーパーで「お姉さん」と呼びかけられて、ただでさえ寝苦しい夏の夜に、腹立たしくて眠れなくなることもある。「奥さん」などとふざけた呼ばれ方をした日には、殺意というのがどういうものであるかがはっきりとわかる。ちなみに殺意というものが三日三晩は衰えることがないということを僕は知っている。

このように、胸があるといくら心が男でも女と思われてしまうので、医者の許可が降りたらすぐにでも胸を取り去る手術をするつもりだ。それほど胸があるのが嫌なのに、僕はサラシで胸をつぶしていない。もちろんこれには理由がある。

実はかつて一度だけサラシを巻いてみたことがある。男のように平らな胸にするためには、容赦《ようしゃ》なしにサラシで胸を締めつけなければならない。当然、息苦しいし、暑苦しい。けれどそんなことは問題ではない。男の外見を手に入れるためなら、息苦しさも暑苦しさも耐えられる。けれどあることだけは耐えられなかった。それは、サラシはペニスケースと同じだったということだ。

ペニスケースを「性器を覆う最小限の容《い》れもの、だが同時に隠してあらわすもの」と表現したのは上野千鶴子（『スカートの下の劇場』）だが、確かにあれを着けている人を見ると、

「隠したいのか目立たせたいのかどっちやねん！」と突っ込みたくなる。もちろんテレビでしか見たことないけどね。

胸部にきつく巻きつけたサラシは否応なしに、胸があるという事実を僕に突きつけた。それが耐えられなかった。サラシには胸だけでなく心もつぶす力があった。結局二時間程度でサラシを外した。あのまま巻いていたら、気が変になってしまっていただろう。

「あらゆることに耐えてこそ本物の男だ」

と、僕のことを鼻で笑う人がいるかもしれないが、それはあなたの思想であって、僕の思想ではない。あなたが何をどう考えようと知ったことではないが、それを押しつけるのはやめてくれ。これまでさんざん女らしさの押しつけにうんざりさせられてきた僕は、これからの未来を男らしさの押しつけでうんざりしたくない。誰かの価値観に振り回されるほど、何も知らなかった頃のガキじゃないからね。自分の価値ぐらい自分で決める。

というわけで、僕は今もサラシとは無縁の生活を送っている。なんか文句あっか？

▼自己矛盾？　問題ないね

男とか女といったカテゴリーをぶち壊したい。男とか女とか、A型とかO型とか、白人・黒人・黄色人種とか、年収とか、身長とか、体重とか、いくら細かく分類したところで、僕の人間性は見えないし、考え方もわからないじゃん。カテゴリーなんかにとらわれず、一個人として生きたい。

「だったら体にもとらわれないで生きればいいじゃないか」

と提案する人がいるかもしれないが、体が今の形であることが不快で苦痛なのだ。一個人が己の人生から不快なものを取り除いて、楽しく生きようとしているだけだ。体の形にこだわるのは僕の生き方の問題であって、いわゆる男とか女といったカテゴリーにとらわれているわけじゃない。けれど、思っていることとやっていることが必ずしも一致するとは限らない。ダイエットしなくちゃいけないと思いつつ餃子を腹一杯食べたり、テスト前で勉強しなくちゃいけないのに、いつもは絶対にやらない机の整理を急に始めたりした経験は誰にでもあるだろう。

性別のカテゴライズなんてナンセンスだと思っているのに、現実にはそれを無視できない自分がいる。僕は性同一性障害であって、同性愛者ではない。これこそがまさにカテゴライズだ。僕はゲイと間違われても怒ったりしないが、レズビアンと言われたら怒りを隠せない。「女じゃない」と僕の心が主張するからだ。本当にカテゴリーを気にしないのであれば、何と言われても怒ったりしないでさらりと訂正するにとどまるはずだ。僕はカテゴリーなんかにとらわれたくないと思いながら、とらわれているわけだ。

潔く認めよう。自己矛盾しているのだ。けれど卑屈になったりしない。自分はこういう人間である、と言い切ることができれば楽かもしれない。けれど、これこそがカテゴリーにとらわれているということだと思う。例えば、自分は論理的だと決めつけることで、本当はあるはずの感情を押し殺さなくてはいけないような悔しい思いをするくらいなら、カテゴリーなんか要らないと思う。自分を苦しめるカテゴリーなんて、ないほうがいいだろう。

仲間は要らない

これから書くことは、生意気なことだ。これを書いたら性同一性障害や同性愛の当事者からおそらく嫌われるだろう。当事者百人が読んだら、九十人は「それは違うぞ」と反論するかもしれない。けれど八人は何か新たな気づきを得て、残りの二人は「よくぞ言ってくれた!」と溜飲《りゅういん》が下がるのではないかと思う。

できれば誰かを不愉快にさせるものは書きたくない。けれど、世界中の人びとを不愉快にさせないものを書くということは、何も書かないことに等しい。イラク攻撃を正当化する米国の身勝手な正義を例にあげるまでもなく、世界に通じる正義などない。それと同じように万人を満足させることのできる文章などないのだ。

これから書くことを、正義に欠ける、倫理に欠ける、論理に欠ける、偏見に満ちている、差別的だと非難する人もいるだろう。けれども正義や倫理や論理や差別のない表現は法や政治が担うべき分野だ。エッセイという文学が、法や政治と同じ機能を求められるなら、文学など要らない。文学には文学の立ち位置というものがある。だから僕は書こうと思う。生意気なことを。賛同する人はきっと少ないだろうけど、生意気なことを書こうと思う。

同性愛の冠がつく、ある芸術祭が毎年開催されている。僕はこれが嫌いだ。性を基準にゲイとノンケを分類していることも好きになれないけど、ゲイというカテゴリーに属する物語を、ゲイという冠をつけた芸術祭で披露《ひろう》することが嫌いなんだ。一般の作品とは違うんだ、というレッテルを(良い悪いはともかく)張ることで、評価の基準が甘くなっているような気がする。その逆に、本当にいい作品なのに、ゲイというカテゴリーに括られているがゆえに辛い評価になっていることだってあるかもしれない。

本当にいい作品であれば、どこで披露しても賞賛を得ることができるはずだ。ゲイの冠をつけた芸術祭は、純粋な批判や評価を受け入れるという寛大さが感じられない。これはあくまでも僕の感覚なので、実際には公平な評価がなされていているのかもしれない。けれど実際にどんなに公平であったとしても、公平に感じられないという僕の感覚としての事実は消えないのだ。

ゲイや性同一性障害などの性的マイノリティを描いた作品や、性的マイノリティが描いた作品だからといって、その当事者が無条件に、あるいは無批判に作品を褒めるのは愚行だ。社会にはびこっている偏見や差別や蔑視《べっし》を恐れたり、それらと戦おうとしてゲットー化し、自ら他の世界と線を引くことのなんと愚かしいことか。戦うのであれば戦場に出なければいけない、友好を築きたいなら広場に出なければいけない。そして真に何でもない存在として(多様性のひとつとして)生きたければ、ゲットー化せずにあらゆるところで普通に暮らさなければいけないんじゃないの?

小さな世界に閉じこもって似たような仲間と集まって、「わたしたちって普通よね」なんてうなずき合っているのは少しも普通ではない。普通でなくともべつにかまわないが、似たような仲間が集まるなかでは、互いに関する批判をしづらくなるだろう。それが問題なのだ。それが僕の嫌いなところなんだ。批判や評価を許さない仲間など欲しくない。仲間という名の同調圧力に負けない自信は僕にはないからね。だから当事者というカテゴリーをぶち壊したいんだ。

「自分の本のことは棚に上げやがって」

という非難の声が聞こえてきそうだ。けれど、僕はこの本を出版するにあたって、「当事者向けの本には絶対しない」という決意で臨んだ。当事者だからといって悲劇のヒーロー（あるいはヒロイン）ばかりじゃない。差別や偏見に苦労してきたぶんだけ他人にも優しく接することができる善人ばかりでもない。当事者だっていろいろだ。決して一枚岩なんかじゃない。当事者のなかには、世の中の人たちがなんとなくこうなんじゃないかと思い込んでいる特徴を持たない当事者がいるということを、この本を書くことで多くの人たちに伝えたかった。当事者以外だけでなく、当事者たちにも伝えたかった。

閉じられた世界でのみ通用するような評価は欲しくない。ある世界と他の世界と間にある壁や見えない天井をぶち壊して、大きな世界で勝負したい。そう思っている。

▼正しい生き方なんて指導するなよ

「あるがままを受け入れてこそ、幸せな人生が送れるんだよ」

と、諭されることがある。はっきりいってこの台詞、聞き飽きている。こういうこと言う相手は三つのパターンに分かれる。ひとつはこれまでに苦労することなど一度もなかったような、恵まれた人生を送ってきた人間。性別の違和感なんて一度も感じたことのない人に多く見られる。もう一つは苦労に気づく能力がなかった人間。いわゆる性役割を嫌だと思いながらも、それを男らしさや女らしさという既存の言葉で片づけて、自ら考えようとしなかった人に多い。この二種類の人たちに対しては、

「軽々しく言うなよな」

と重々しく言いたい。あるがままを受け入れろと命令する前に、僕の苦労をあるがままに見ろと言いたい。少なくとも、あるがままを受け入れられない僕をあるがままに受け入れてもらいたいものだ。

残りの三つめのパターンは、本当の苦労を乗り越えてきた人間だ。波瀾万丈《はらんばんじょう》とはあんたのためにある言葉だよ、と言いたくなるような人間のことだ。例えば、障害を持ってる人とかね。けれど、ここでも反論したい。苦労を乗り越えたということは、苦労を経験した時期があったということでしょ？　苦労してどん底な気分を味わったことがあるということでしょ？　それを乗り越えたからこそ、あるがままを受け入れることができるようになったんでしょ？　だとしたら、今まさに苦労を味わっている者に「あるがままを受け入れろ」とアドバイスするのは時期尚早じゃん。その境地は誰か他人に連れていってもらうものじゃなくて

さ、自分自身でたどり着かなくちゃいけないところだ。境地というのはそういうもんだろ。

重度の障害を持って生まれた人が、障害を背負ったままなんとか大人になって「幸せです」と笑顔で言えるのは、それまで日常的に味わってきた苦労や悔しさを乗り越えてきたからだろう。誰か他人に問題を解決してもらったんじゃなくてさ、自分の頭をフルにつかって打破してきたからこそ、幸せだって言えるようになったんじゃないの？

「こうすれば幸せになれる、絶対的な正しい生き方」なんて、どこにもない。だから誰も他人に「こう生きなさい」なんて指示できないはずだ。生き方なんて、どこかで間違ったり転んだりしながら、一人ひとりが見つけていくものだから。誰かが正しいわけでも、誰かが間違っているわけでもない。人生に正しい生き方なんてないのだから。一人ひとりが自分で考えて、自分だけのオリジナルな答えを出すしかない。それが生きるということだ。

好きなように生きようとする僕の足を踏んで、前に進めなくするようなヤツらを僕は許さない。この本を読んで腹を立てる人がいるとすれば、それは僕が、

「邪魔だ、どけ」

と言っているからだ。そう言われるだけのことを、その人がしているということだ。

あなたが怒っていないことを祈る。

▼戦う理由

「手術で体を変えるんじゃなくて、体が女であることに考え方を合わせればいいじゃん」

こんなことを友だちに言われたことがある。そのときは激昂した。これが見ず知らずの他人や、頭の悪そうな人や、テレビのお笑い芸人だったり、僕のことをたいして知りもしない人間の発言だったら怒らなかったと思う。それくらい聞き流す処世術は身につけているつもりだ。

そいつには体の違和感について、何度も話してきた。体に対する僕の不快感をわかってくれているだろうと思っていた友だちだっただけに残念だった。「ブルータス、お前もか」な気持ちになった。

できるだけ早く、胸を取り去りたいと思っている。僕にとって手術は体を変えるのではなく、本来の体を取り戻すことなんだ。僕には男としての体の記憶がある。どうしてだかわからないけれど、確実にあるんだから仕方ない。筋肉も髭もペニスも睾丸も記憶のなかにある。だから、失われた体を取り戻したい。

子どものとき、自分が普通であると信じたくて信じたくて仕方なかった。無理に信じ込もうとしていた。断っておくけど、普通というのは、当時ガキだった僕が定義していた概念であって、大人となった今では、僕の現在の状態も普通であると思っている。性同一性障害は長所でも短所でもなく、視力が悪いとか歯並びが悪いといった程度の不都合でしかない。子どものときに自分の普通さを理解できなかったのは、知識も言葉も持っていなかったからだろう。

僕は二十数年間、女に惹かれる自分を、男の感覚がある自分を、誰にも言わず、秘密で独りで、一所懸命否定してきた。自分の現状を理解できるようになるまで二十年以上も、自分が世の中で一番嫌いだった。世の中で一番だよ。それでも「心の性」を「体の性」には合わせられなかった。

心の性を体の性に合わせることは不可能であると、医学界では既に断定している（だから体を心に合わせる手術が行われているのだ）。実際、僕は約二十数年間、心を変えようとしたけれどできなかった。

僕は今のこの体に納得してない。だから納得できる体を手に入れたい。どこまで手術をやるか（やらないか）はまだわからないけど、死ぬ瞬間まで自分らしく生きたい。それが生きるということだと思う。

体は人生のおまけなんかじゃない。大切なものだ。体には意味がある。その意味付けをしているのは心だ。ちゃんと自分の体になって生きたいんだよ、僕は。だからこれだけは覚えておいてほしい。「心の性」を「体の性」に合わせろというのは、僕のような人間にとっては精神的虐待《ぎゃくたい》なんだ。「考え方次第だよ」なんて軽々しく言ってほしくない。いや、言ってもいい。言ってもいいが、そのときは精神的虐待をしているんだという自覚と覚悟を持って言ってくれ。その発言が反論・反発・怒りをたやすく呼び出すことを覚悟してほしい。それからもう一つ。あなたの子どもが僕と同じにならないという保証はない（ゲイや性同一性障害になる理由はいまだに解明されていない）。それでも虐待しようとするならば、あなたはただの犯罪者だ

僕は二度と自分を嫌いになりたくないし、なるつもりもない。だから戦う。自分の本音と。そして僕の精神をだめにしようとするヤツらと。ただしこれは、相手が戦う価値のある人間であればだけどね。

▼味方の作り方、あるいは敵の作り方

テレビドラマ『3年B組金八先生』で取り上げられて以来、性同一性障害という言葉を知らないという人にはめったに出会わなくなった。それでもさすがに僕が性同一性障害だと告

げると、当事者に会うのは初めてだと言って多くの人は驚くけどね。ただ僕は見た目が中性的なので、驚いた後すぐ、

「なるほどね」

と納得されることが多い。この前もある人に性同一性障害だと告げたら、その人は驚きもしないで「ふーん。そうなんだ」とうなずいただけだった。あまりにもあっさり納得しすぎだと思ったので、ひょっとしたらこの人はなんでも納得する人間かもしれないと疑った。そこでその疑いを晴らすため、試しにこう言ってみた。

「俺、実はジョージ・クルーニーなんだ」

これに対してその人は、「許せない」「似てない」「認めない」と即座に三連発で言い返してきた。なので、どういう基準かはわからないが、すべてに納得する人物ではないことは明らかになった。

僕はいろんな人にカムアウトしているけれど、最近、この手の「驚かない」タイプの人間が増えているように感じる。最初は相手が驚かないことに戸惑っていたが、よく考えたら何をどう捉えるかは一人ひとり違うのが当たり前だ。例えば結婚に憧れる人もいれば、ことさら避ける人もいるし、憧れを手に入れた後で、失敗したと後悔する人もいるように。

だから、自分の感覚に合わない常識なんて無視していいと思う。既存の常識に従う必要はない。目新しい感覚に共感してくれる人がどこかにいるだろうし、たとえいなくても、常識

なんて自分でつくればいい。新たな常識の始まりはいつでも非常識なのだ。地動説も、ガリレオが初めて唱えたときは「アホか？」の一言で無視されていたのだから。

ただ、相手の感情的反発をくらいにくいカムアウトの方法というのはある。それは、ジメジメじゃなくてカラッと告げること。陰気な話を好む人間は少ない。明るく楽しく話したほうがいい。べつにつらいことを話すなとか、隠せという意味じゃない。つらい話をつらそうに語ったら余計に自分の気分も滅入《めい》るし、相手の気分まで暗くさせてしまう。聞いているだけで気持ちが沈むような話を積極的に聞きたがる人なんていないじゃん。相手に耳を傾けてほしければ、それなりの努力が必要だ。努力の跡が見えないただの苦労話は誰も聞いてくれないからね。それは苦労話じゃなくて、ただの愚痴《ぐち》だから。

それに、苦労は自分のなかで消化して笑い飛ばせるぐらいにならないと、相手に冷静に伝えることは困難だ。ただでさえ意志疎通は難しいものだから。僕の知り合いは米国のレストランでコーヒーを注文したら、コーラとオレンジジュースとミネラルウォーターを出されたことがあるほどだ。意志疎通がいかにままならないものかがわかるだろう。だから、きちんと相手に聞いてほしいなら、相手が聞きたくなるように話さなくてはいけない。それは礼儀だ。礼儀をわきまえていれば、むやみに敵をつくることはないだろう。

▼偏見のない時代は来るか？

ジョン・レノンが歌う『イマジン』を例にあげるまでもなく、考え方の違いによる対立や偏見のない世界が来ると考えるのは、空想屋のすることかもしれない。が、そんな世界は「来る」と信じなければ、絶対に来ないだろうね。

「ちょっとそれは望み薄なんじゃないの」

心のなかでたとえ思っていたとしても、

「来るよ」

と言い続けることが夢を実現するためには必要だと思う。それが不可能を可能にする秘訣だと思う。だから僕は心に大きな「？」という疑問符を抱えながらも言うわけだよ。

「偏見のない時代は来るよ」

でも、じゃあ偏見のない時代が来たらどうしたいとか、どうするかってことはまったく考えないわけ。例えばさ、体が女なのに男っぽく振る舞って、彼女と表参道の交差点で信号待ちしてるときに「キスしようか」とかなんとか言って情熱的にキスする……みたいなことは考えない。

やるべきことは偏見のない世界を夢見て、夢見心地で浮かれるんじゃなくて、今を力一杯生き抜くことだと思う。地に足つけてさ、目の前の偏見とか差別とか蔑視とか、名前なんてどうでいいんだけれど、腹が立つこととか許せないことを踏みつぶしていくことが大切だと思う。

だって、夢とか未来って、単なる現実の積み重ねだからさ。

できることから一つひとつやっていけば、いつかは結構心地良い未来がやって来るよ。そういう時代が来るってことを信じて行動していけばさ、そういう時代は来るよ、いつか必ず。

▼生きる＝自分を愛する

僕は弱い。変わりたいと切に願いながらも、心の奥底では変わることを恐れているからだ。手術やホルモン注射をすることによって命に危険が生じるということへの恐怖だけではない。今以上に完璧なジョージ・クルーニーになりたいのに、脂《あぶら》ぎったひょっとこの面のような顔の男になったらどうするのだ。元も子もないではないか。自分で選ぶ道が、ぶざまな未来に直結することになるかもしれないと思うと、腰も気も引ける。自らの意志で性別を変えるというのは、なんと勇気の要ることか。

脂ぎったひょっとこ顔の男なんかになるのは嫌だ。けれど今のまま女体でいることも嫌だ。どっちも嫌なんて、単なるわがままかもしれない。けれど、人生なんてそう簡単に白黒つくものじゃないはずだ。むしろ、白黒つけられないグレーの部分が多いのではないだろうか。そしてグレー部分こそが、人生をおもしろくするスパイスではないだろうか。

こうすればああなる、ああすればこうなる……論理的で整合性のとれた矛盾のない人生なんて、単純すぎる。すべてが予測可能な人生なんてつまらない。そうは思わない？

すべての人間に当てはまる真実というのは、いつかは必ず死ぬってことだ。死ぬってことはわかっているけど、死ぬまでの間に何が起こるか（あるいは何を起こすか）は予測できない。だから人生は努力する甲斐があるし、価値があるし、張り合いがあるのだ。

変わりたい&変わりたくないという相反する希望を抱えたままでも、楽しく張り合いのある人生を生きることができれば問題ない。たとえそれが周りの目にはぶざまな格好に見えたとしても、自分が愛せる自分であれば問題ない。

僕はあれこれ迷いながら生きる自分が好きだ。

▼僕が日本男児を救う……わけないじゃん

今どき「俺について来い！」なんて威張った態度の日本男児な男はいないだろうが、それについて行く大和撫子《やまとなでしこ》な女もいないだろう。仮にいたとしても希《まれ》だろう。これは「いい所に連れていってあげるから、おじさんについておいで」という胡散臭《うさんくさ》くて口まで臭いおっさんの誘い文句に、ガキが騙されないのと同じだ。甘い言葉には苦い裏があることくらい、今どき子どもでも知っている。女性は頼もしい男が、荒々しいDV（ドメスティック・バイオレンス）男にいとも簡単に変わることを知っているのだ。誤解を恐れずに言えば、誘拐犯と似たりよったりの日本男児と、人の言いなりの大和撫子は今や絶滅危惧《きぐ》種である。

友人や知人と話しているうちに気づいたのは、彼らが性同一性障害やゲイに対して持っているイメージは、日本男児か大和撫子が多いということだ。行き過ぎた男らしさと、行き過ぎた女らしさを体現しているのが性同一性障害やゲイだと思っているらしい。

あのね、それは違うよ。体を男の形にすることと男らしくあることとは、まったく別のものだからね。自分の周りを見回せば、優しい男もいれば力強い女もいるし、感情的な男もいれば論理的な女もいるでしょ？　性同一性障害やゲイだって同じだよ。いろんな人間がいる。

第一、男らしさとか女らしさなんてものは、本当は個人の特徴であるものを、社会がなんとなく男女という二つの性別に分類した思い込みに過ぎない。僕は日本男児なんて目指していないし、そんなのは目指したくない。

ここで、性同一性障害の治療について述べてみたい。できるだけユニークに、ときには笑いを交えながら説明するつもりだから、みんな俺について来い！

性同一性障害の治療は三段階に分かれていて、第一段階は精神科医による診療である。早い話が精神科医に診てもらいなさいよってこと。これは性同一性障害が精神病であるという意味ではない。精神科医に診てもらうのは、性同一性障害という理由以外（例えば何かの精神疾患）が原因で、男になったり女になったりすることを望んでいるわけじゃないことを証明するためだ。それと、精神科に通うのは、どこまで治療したいのかを明らかにするためでもある。

ここからは話をわかりやすくするために、心が男で体が女の場合についてのみ書く。性別が逆の場合は性を逆にして読んでほしい。

性同一性障害の治療はホルモンを投与したり（第二段階）、あるいは体にメスを入れたりして（一部は第二段階でできるが、基本的には第三段階）、心の性に体を合わせていく。これは一度始めたら後戻りできない治療なので、慎重に判断する必要がある。だから精神科医と一緒に考えていきましょうというわけだ。体をどこまでいわゆる「男」にしたいかは人によって違う。精神科に通うだけで満足できる人もいるし、ホルモン注射は希望するけど手術までは望まなかったり、一部の手術で満足する人もいれば、全身手術しなければ気がすまない人もいる。要するに「男らしさ」と同じように、体をどこまで「男」にするかも人によって違うのだ。

こんなことを書くといわゆる男や女の人から「ウソーッ!」と驚かれてしまうかもしれない。確かに、性器まで含めたすべての手術を希望する性同一性障害のなかには、「中途半端な手術しか望まないようなヤツらは、性同一性障害じゃない」と主張する者もいる。

けれど僕はこういった発言に驚いてしまうのだ。性には多様性があって「心と体の性は別のもの」という考え方を主張することで自分たちを解放してきたはずの性同一性障害の人たちが、体を完璧に男化、あるいは女化しなければ性同一性障害じゃないなんて言うのは自分の首を絞めることになると思う。

同じ性同一性障害でもいろいろな考え方があって、いろんな人がいるってことなんだけど、いわゆる男と女はこのことを知らないし、性同一性障害の当事者は己の治療に必死になるあまり、このことを忘れているんじゃないかと思う。

これは実際に自分が精神科に通うようになって気づいたことなんだけど、医者は「いわゆる男の体にどれだけ近づけるか?」を問題にしているように感じる。もちろんそれが間違っているとは思わないけど、どこまで自分を変えたいのかは個々人によって違うはずだ。既存の価値観よりも、自分自身の価値観が問題のはずだ。

性同一性障害の治療は、「心と体の性が違うことが苦痛なのであれば治しましょう。けれど心という内面を体という外面に合わせようとすると、精神的苦痛が増大するだけなので、心に合わせて体を変えましょう」というものだ。それなのに、自分を外側から取り囲んでいる社会がつくった男という枠組みに、自分の内面を合わせていくのはおかしくねえか？

性同一性障害のなかには男でも女でもないという人たちもいるだろうし、男と女の中間という人たちもいるだろう。そういう人には、それぞれの心に合った理想の体があるだろう。僕の場合、体をどこまで男にするかは思案中である。

性同一性障害の当事者なら、既存の男女という二つの枠をぶち壊して性の多様性を主張してほしい。少なくとも多様性を否定してほしくない。そうしなければいくら体を変えたところで、遺伝子は（今のところ）変えることができないのだから、性の多様性を否定するような態度は、自らの存在を否定するのと同じことだと思う。

べつに医者や、日本男児や大和撫子を目指す当事者を批判するつもりはない。むしろそういった既存の価値観と自分の価値観がフィットする人を羨ましいとさえ思う。けれど僕の苦しみは、既存の男女という枠組みに自分を合わせようとしたことから始まった。だからもう、既存の価値観を押しつけられたくはないんだ。

正直に言おう。

既存の枠組みから飛び出すことを恐れて、再び跳べないノミに戻ってしまいそうな自分が怖い。自分のなかにしか答えはないのに、問題から目を逸らすことで世の中が用意している既存の解答を適当に選んで、それに自分を合わせるなんて嫌だ。そんなの、女である振りをしていたあの日々と同じだから。

僕は絶滅危惧種の日本男児になりたいわけじゃない。男らしさとか女らしさとかじゃなくて、自分らしさを追求し、その自分らしさにぴったり合った体を手にしたいだけだ。既存の価値観に絡め取られて、自分の希望とは違う偽のゴールになんてたどり着きたくない。だから、

「みんな一人ひとり違う人間だ。だから一人ひとり違う生き方をしていい」

この言葉を防弾チョッキに、自分らしく生きる道を戦いながら切り開いていこうと思う。

何と戦うんだって？　ガメラと対決すると思うか？　性の多様性を奪おうとするノミの天井との戦いだよ。

第V章▼ FAQ・もう聞き飽きた質問集

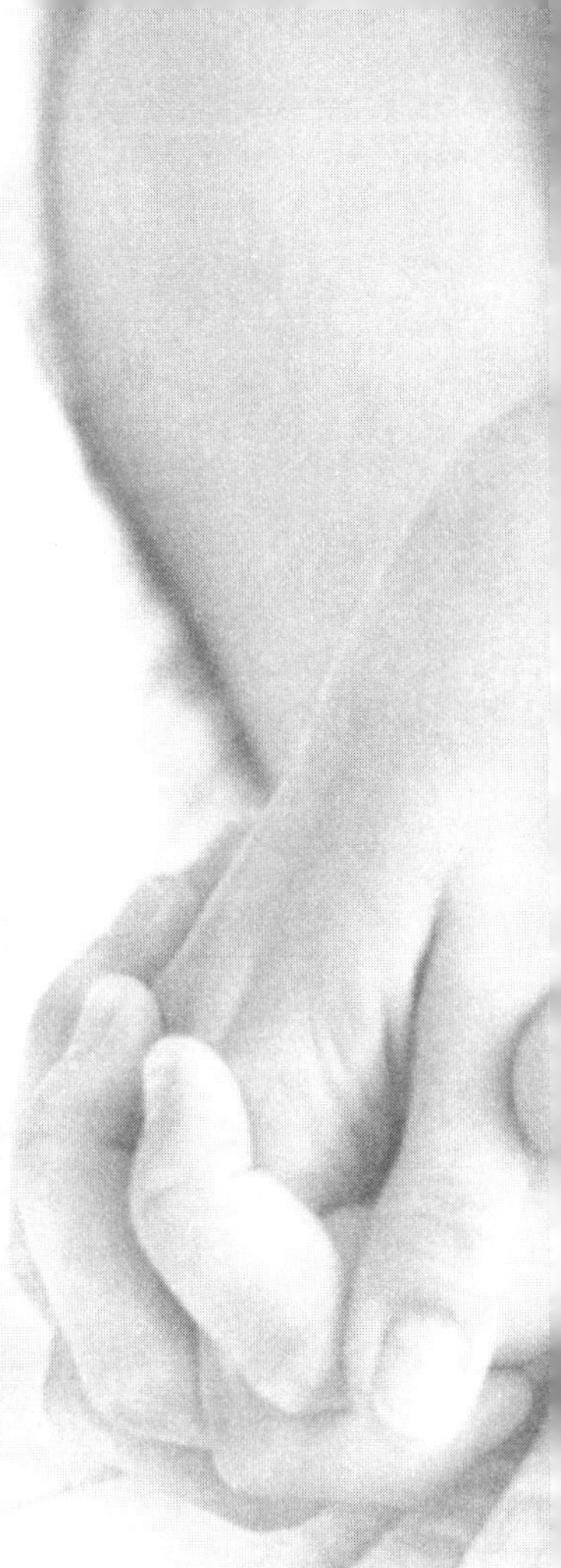

▼生まれ変わったとしたら

「生まれ変わったらもう一度、性同一性障害になりたいか」

という質問は無意味だ。

「宇宙人と食事をするなら、イタメシがいいか」

と訊くようなものである。僕は宇宙人も、生まれ変わりも信じていないからだ。それに、宇宙人と食事するなら宇宙食がいいと思う。

宇宙人を信じない理由はこの際どうでもいいとして、生まれ変わりを信じないのには理由がある。生まれ変わりがあるとすれば、現在の自分も誰かの生まれ変わりだということになるだろう。けれど現時点で前世の記憶など微塵《みじん》たりとも覚えていないのだから、前世は現世を生きるための何の参考にも教訓にも腹の足しにもならないということだ。だが、ここはひとつ謙虚に一億四万五千二百七十一歩譲って、生まれ変わるということにしてみよう。

それを前提にもう一度、性同一性障害になりたいかどうかと訊かれれば、やっぱりなりたくないと答えるね。生まれ変われるなら、今とは違う人生を体験してみたい。ジョージ・クルーニーはもう十分やったから、キアヌ・リーヴスあたりがいいな。どうしていきなりキア

ヌかというとだな、昨日デートした女性がキアヌが好きだと言っていたからだ。こういうのを女に振り回される男というのだが、

「お前って、俺のこと振り回してるよな」

僕が余裕のある笑顔を見せながらその女性に訊いたら、「それは勘違いだよ」と、爆笑された。

話を元に戻そう。再び性同一性障害になることを望まないなんて言うと、当事者から裏切り者呼ばわりされたり、今が不幸なのかと詰問《きつもん》されそうだけど、そんなんじゃない。性別に左右されないで生きたいだけだ。性同一性障害だから不幸ということもなければ、幸せということもないだろう。性同一性障害であろうとなかろうと、幸せな人は幸せだし、不幸な人は不幸だ。僕はただ、性別にとらわれないで自由に生きたいだけ。この決意というか希望というか欲望は、生まれ変わっても今と同じで変わらないだろうね。

▼性同一性障害に生まれたことに意味はあるのか

すべてのことに何か意味を見つけようとするのは人間の悪い癖だ。どうして右手は体の右

側についているのだろう、そこにどんな意味があるんだろう、と考えるのがバカげているように、性同一性障害に生まれたことの意味を考えるのはバカげている。右手は右側についているから右手と呼ばれるのであり、性同一性障害は性同一性障害だからそう呼ばれるだけだ。べつに何かを達成する手段として性同一性障害で生まれてきたわけじゃないだろう。

だいたい、すべての人間には一人ひとり生まれてきた意味があると信じることは、意味づけした神の存在を信じるということだ。僕には神が存在しているかどうかはわからないが、神とは意見が合わないことは既に判明している。でなければ、女性に振られたり、熱心に口説いている女性に振り向かれないという悲劇を説明できないではないか。だから生まれたことにたとえ何か意味があるとしても、僕は神がつけた意味に同調したりしない。

それに、生まれたことに意味などなくてもいいじゃないか。意味がなくても何も問題ないじゃん。人生には意味が必要だというのは、思い込みだ。意味などなくても人は生きられる。意味などなくても楽しく生きられればいいじゃないか。生まれた意味を考えすぎて思い悩むより、そんなことを考えずに楽しく生きたい。そう思わない？

▼性同一性障害は障害か

性同一性障害はその言葉のなかに「障害」が入っているので、当然のことながら障害と思われていると思うのだが、僕は障害だとは考えていない。さて、これまでにいったい何度「障害」と書いたでしょう？　などという質問はどうでもいい。僕は性同一性障害という呼び方が気に入らないのだが、それは性同一性障害の障害は本人の問題ではなくて、社会の問題だと思うからだ。

例えば、背が低いことを悩んでいる人は大勢いるだろう。僕もそうだ。背が低いと高い場所の物を取れなかったり、身長制限のあるジェットコースターに乗れなかったり、服のサイズがなかなかないといったことがある。けれど背の悩みというのはそんな具体的な不便さではなく、自分が希望する背丈がないことに対するコンプレックスだ。つまり、心が望む外見じゃないことが悩みの種なのである。同じく性同一性障害も心が望む外見ではないことが問題なのだ。もちろん、性同一性障害の場合は染色体に起因する生殖能力の問題もあるが、日常生活で問題になることではないので（我々は毎日子づくりをしているわけではない！）、ここではひとまず不問にする。しかし背と性同一性障害の悩みが根本的に違うのは、性同一性障害の苦痛は日常的に社会から受けることによって発生するということだ。

　性同一性障害の場合、オギャーと生まれたときの外見（体つき）だけで医者が勝手に男か女か決める。生まれた時点では、心が男か女かはまったく考慮されない。ＤＮＡ検査もしないので、性染色体がＸＸかＸＹかも考慮されない。いい加減なことこの上ないと思うのだか、医者の見た目だけによる判断によって戸籍の性別が決定する。するとだな、男は男らしい名前をつけられ、女は女らしい名前を、親にこれまた勝手につけられる。つけられた名前は以後、日常的に社会的に繰り返し使われることになるから、性同一性障害の人にとっては毎日が苦痛になる。僕が改名しなければ気がすまないほど女名が嫌だったと書いたことを覚えているかい？

　さらに、戸籍に心とは違う性別が記載されているために、結婚できなかったり、保険証や住民票にも違う性別が記載されたりする。あげくの果てには履歴書や小説の応募原稿にまで（！）性別を書くように求められるからたまらない。性同一性障害の障害とは、いわゆる「男女」しか性別はなく、それこそを唯一正しい性別だとする社会が障害であるということだ。二〇〇三年七月、性同一性障害の戸籍訂正を認める法律が成立したが、戸籍の性別さえ変えられるようになれば問題は解決するというものではない。障害は、いわゆる「男女」しか認めない社会そのものなのだ。僕は性同一性障害を自分の障害だとはこれっぽっちも思っていない。

が、しかし。「障害」と名がついたことで治療ができるようになったのは事実だ。趣味とか気のせいではなく、医師が「障害」としたことで医学的に治療して心の苦痛を取り除くことが可能になったのだ。だから自分では障害とは思っていなくても、治療を受けるために、戦略として自らを障害と名乗るのがスマートなやり方だと思う。

僕は自分が性同一性障害であることは認めるが、自分に障害があるとは認めない。けれど生存戦略として障害と名乗っている。ただそれだけだ。

問題があるとすれば、「障害」として治療できるようにしておきながら、医療費は全額自己負担になっていることだな。体を手術するのには女体から男体への場合、医者からもらった資料（二〇〇二年）によると合計約四百万円かかる。これに加え、男性ホルモンを一生涯打ち続けなければならない。ホルモンは個人差が大きいので金額を算出しにくいが、計算しやすくするために一カ月に一万円としよう。一年で十二万円、これを手術後一生だから……大雑把《おおざっぱ》に五十年とすると、な、な、なんと六百万円かかることになる！　つまり、合計約一千万円也！　自分で計算してビビったぞ。障害だけど医療費は自己負担でね……なんて、いったい誰が決めたんだ？

以上をまとめると、性同一性障害は社会の障害と経済的障害のダブルパンチをくらう、悩みの種のつきない悩みということだ。

▼結婚したい!?

戸籍が女のままだと女性と結婚できないとさっき書いたけど、実は僕は結婚なんてしたくない。戸籍に「女」と間違った記載がされている現時点では、好きな女性と結婚したくてもできないが、たとえ戸籍が訂正されたとしても結婚願望はゼロのままから変わらないだろう。

一生、一人の女性を愛し続けられるとは思えない。勘違いしないでほしいのだけれど、僕は気の多い浮気者ではない。最長三年間の片想いをしていたことがあるほど一途な男だ。実際これまでに一度も浮気をしたことがない。おまけに、つき合っている女性を自分から振ったことはない。いつでも振られてばかりだ。

こんなに一途で一本気な男であれば、一生一人の女性を愛することもできそうな気がするかもしれないが、それは気のせいだ。最長三年間続いた片想いの女性を、今は思っていないということがそれを証明している。

「相手が運命の人じゃなかっただけなのでは？」

と言うかもしれないが、世の中には大勢の人間がいるので、毎日大勢と出会うチャンスがある。ということは、運命の人じゃないただの人に出会う確率のほうがはるかに高い。それなのに「これが運命の相手だ」と決めつけて結婚するなんて、博打《ばくち》をするようなものだ。なぜ結婚が賭博規制法で禁止されていないのか不思議である。

また、永遠の愛への不信はともかくとしても、僕は男女の役割を固定させたくないのだ。結婚したら一つ屋根の下で暮らすことになるだろうけど、そんなことをしたら互いの自由時間の有無や、得意・不得意によって家事の分担が決まってくるだろう。それでさえ十分不公平が発生すると思うけど、問題なのは、二人とも忙しくて時間がなかったり、二人とも不得意なことはいったいどうするのだ？

交互にやればいいというのは机上の空論だ。それほどスムーズにいくなら、現在同棲している僕の女友だちが（相手の男は僕ではないぞ、念のため）、共働きで家計を半分ずつ折半しているのに、家事の八割を負担していることに怒っているという不公平をどう説明すればいいのだ。ついでに、そんな男に見切りをつけて僕と一緒になろうとしない、彼女の男を選ぶ基準に対する不満をどう解消すればいいのだ。

僕が結婚したくないのは、愛という名のもとにどちらかに不公平が訪れるような関係を築きたいとは思わないからだ。

▼どんなパンツ履いてるの？

「どんなパンツ履《は》いてるの？」

こんないたずら電話の第一声みたいなことを訊かれることがある。そんなこと知ってどうすんだ？　僕にプレゼントでもするつもりなのだろうか。パンツ質問は対面で訊かれたことしかないが、ひょっとしたら相手はいたずら電話してるつもりで僕に話しかけていたのだろうか。まったく下品というか卑猥というか頭悪そうというか、もっと洗練された質問はないのだろうか。これを訊かれるといつもげんなりしてしまうのだが、よく訊かれるということは、案外みんな知りたいことなのかもしれない。この前、テレビ局の元アナウンサーの友だちにも同じことを訊かれた。

「お前、なんでそんなつまんねえ質問するんだよ？」

知り合いだったので、不快感を隠さずにストレートに疑問を投げたら、

「マスコミの人間だったからさ、大衆が知りたいと思うことを訊いちゃう癖があるんだ」

という答えが返ってきた。なるほど。興味本位＝大衆の知りたいことだということか。ならばパンツの話を書かなければ、これを購読した人から「せっかく買ったのに肝心なことが

書いてなかった。パンツは何を履いてるんだ、パンツは！」というクレームがくるかもしれないということだな。できればクレームはつけられたくないので書くとしよう。

普段はトランクスだ。ブリーフはあのチンコ穴がダサくて嫌いだから履かない。それに今のところ、パンツに穴のような機能性を必要としていないしね。僕がパンツに求めるのは男としてのファッション性のみだ。けれどたまに（「玉に」じゃないぞ）ボクサータイプのものも履く。これは女性用だけれど、見た目は穴がないだけでほぼ男物と一緒だ。本当はいつでもトランクスでいたいのだけれど、スポーツジムに行くときはボクサータイプにしている。更衣室で着替えるときに、トランクスだと目立つじゃん。目立ったら、騒ぎになるだろうからそんなの嫌だもん。

でも最近はジムにトランクスを履いて出かけることもある。無地のトランクスなら、ただの短パンに見えなくもないから異様に目立つことはない……と勝手に考えている。こんなとこでポジティブになるんじゃない！　と突っ込まれそうだが、ジムではこれまでに一度もトランクスを履いていることを指摘されたことがないから、おそらく誰も気づいてないのだろう。もしかしたら気づいているけれど、恐ろしくて何も訊けないのかもしれないけれど、いずれにせよ僕に被害はないから問題はない。ということにしておいてくれ。

▼なぜ隠すのか

ドラマや国会で性同一性障害が話題になったにもかかわらず、どうして性同一性障害の人に出会うことが少ないのかという疑問を持つ人がいるかもしれない。日本に性同一性障害が何人いるのか知らないが、何人いようといまいと、街で出会っても、出会ったことに気づけないだけだ。なぜなら、当事者の多くはわざわざ人に「自分は性同一性障害です」とは告げないからだ。

ちなみにネットで調べたら、性同一性障害の数は三万〜十万人に一人という大雑把な数字が出歩いていた。けれど数字の発表元が不明瞭だし、自ら言い出さない人はカウントされないのではないかという疑問があるから、僕はこの数字をあまり信用していない。それに統計なんて何の意味もないからね。統計が多かろうが少なかろうが、僕にとっては僕が一〇〇%なのだから。

僕はたいていの人には性同一性障害の話をするけれど、それでも街ですれちがっただけの人間にわざわざ教えるような奇行を演じたりはしない。当事者と会ったことがないというのは、心情的な苦しみを打ち明けられる相手としてあなたが選ばれなかったということもあるかもしれないが、当事者の多くが話したがらないということに起因すると思う。男女という性の二元論を当たり前のものとする（つまり、それ以外の曖昧な性は異質なものとして排除する）日本では、自ら性同一性障害だと名乗りを上げるには勇気がいる。

問題は、性同一性障害の人たちはなぜ隠れようとするのかではなく、なぜ隠さなければいけないのかということだ。問題は当事者の側ではなく、社会の側にある。性の多様性に対してもっとおおらかな社会であれば、性同一性障害が精神的苦痛を受けることは今よりきっと少なくなるだろう。

「体は女だけれど、心が男で何が悪い」と当たり前のように言うことができれば楽だ。僕だけの話じゃなくてさ、男だけど女っぽい話し方して何が悪いとか、女だけど男みたいな格好してどこが悪いとか、いろいろあるじゃん。伝統的な性役割にうんざりしている人たちは、いっぱいいると思うんだけど。もちろんその一方で、保守的にあるいは原理主義的に性役割を神聖視して、男女の二分化を保護・存続させたいと望んでいる人たちもいるだろう。僕は保守派や原理主義者が何をどう考えようが勝手にしてくれていいと思っているが、それを僕にまで強制するなと言いたい。性の多様性を奪って人の選択肢を取り上げるなよ、と僕は言いたいのだ。

▼なぜ心を変えようとしないのか

現在の医療技術では、体を心に合わせて変えることはできるが、逆はできない。だから体を変えるのだ。医学的に可能になれば心を変えたい人は変えればいい。しかし、そんな医学的条件があろうとなかろうと、

「どうして心を変えないのか」

という問いには、

「なぜ体を変えてはいけないのか」

と問い返したい。生まれた体に手を加えるのは許せないというのであれば、歯を抜いたり、盲腸をとったり、あるいは爪を切ったりするのもいけないのでは？　一見倫理的に見えがちな意見には独断と偏見が混じっている場合が多いので注意が必要だ。

「Y染色体がないくせに、見かけだけの男になってどうする」

と言う人には、染色体だけじゃなくて、体、心、ジェンダー、恋愛の対象、この合計五つの別々のものから性は成り立っているのだと教えてあげたい。染色体と体を分けたのは、性染色体にYがあっても必ず体が男になるわけではないからだ。

僕は医学に詳しくないので細かいことはわからないが、「性染色体」がＸＸでも男の体つきの人もいるし、Ｘ染色体が一本のＸＯ型とか、ＸＸＹ型、ＸＹＹ型などいろいろあるそうだ。それに男女両方の性器を持っていたり、あるいは男女に分けられない外見で生まれてくる人もいるという。Ｙ染色体があれば、必ず男の体になるわけではないのだ。だからここで言う「体」とは性染色体には関係なく、外性器と内性器の形状がどうであるかということだ。そして「心」は自分を男だと思うか女だと思うかということで、「ジェンダー」とはいわゆる男らしさ女らしさのどちらを身につけているかということで、「恋愛の対象」とは男と女のどちらを好きになるかということだ。このように性別を決定する要素はこれだけあるのだから、Ｙ染色体だけに固執するほうがおかしいのである。

このようにちょっと医学的な説明をすると、神を登場させてくる人たちがたまにいる。「女の体をしていながら自分は男だと言い張るのは気が違っている。自分は神だと言うのと一緒だ」

困ったときの神頼みとはよく言ったものである。さすが、クリスマスと盆と正月を祝う日本だけある。

自分の都合に合わせて神を登場させてまでして性同一性障害を異常視する熱心さを、もっと別なものに向ければ地球温暖化を一度ぐらい防げるのではないだろうかという僕の疑問はさておき、この手の神様発言に対して僕が「アホちゃうか?」と言おうものなら、「反論できないんだろ」と相手に嬉々とされるのが目に見える。こんなくだらねえことにもいちいち当事者は答えなければいけない状況が腹立たしいが、こんなくだらねえ暴論にはもういちいち答えたくないので、ここできちんと説明しておく。

自分を神だと思い込むのと、性同一性障害であることはまったく違う種類のものだ。性同一性障害は、心の性別とは逆の性別の体であるとちゃんと認識している。女の形をした体を「これは男の形である」とは言っていないのだ。自分の体が自分が望む性別の形ではないことをきちんと把握している。これに対して自分は神だと言い張るのは、「自分＝神」「神＝自分」なわけでしょ。自分の姿形は神じゃないけど、自分は神なのだと言ってるわけじゃないでしょ。つまり、本人は神との違いを認識していないということだ。わかりやすく言えば、自分を神だと信じるのは心が壊れていて、自分は性同一性障害だというのは体が壊れているのだ。壊れているものが決定的に違う。心と体のどちらが壊れているかを判断するのは医者の仕事だから、神様には引っ込んでいてもらいたい。

それでも神を登場させて性同一性障害を異常視しなければ気がすまないのであれば、性同一性障害を異常視しなければならないあなたのほうが異常である。

それに神を登場させるような例え話のレトリックを使っていいのなら、こうも反論できる。性同一性障害の心がおかしいというのは、「歯の噛み合わせが悪くて頭が痛いのを、噛み合わせがおかしいのではなく、頭が痛くなるほうがおかしいのだ。噛み合わせにあわせて感じ方を変えろ」と言うのと同じこと。そんなこと言うほうがおかしいでしょ。

おそらく性同一性障害に対する多くの嫌悪感は、体にメスを入れることに倫理的な、あるいは生理的な拒絶感を抱くことからくるのだろう。しかし倫理や生理は、その人の感情だったり思想であるから他人にそれを押しつけることはできない。何をどう思おうが勝手だが、それを他人にまで強制することはできない。自分が理解できる範囲に他人を置こうとするのは、ノミを小さな箱に入れるのと同じで、他人の能力や可能性を潰してしまうことに等しい。そんなことをする権利など、誰にもない。

男体になったらしたいことは?

男の体になったら何をしたいかというと、これはもう言うまでもないでしょう。決まってるじゃないですか。アレですよ、アレ。そうそう、素肌にTシャツを着て街を歩く。これしかないでしょう(まさかみなさん、何かエッチなことを考えたんじゃないでしょうね)。Tシャツじゃなくて素肌に革のベストって手もあるけれど、これはリッキー・マーティンでもない限り、女性から大ブーイングを浴びそうなので控えておくことにする。

あと、髭《ひげ》を生やしてみたいね。といっても鼻の下に生やすのじゃなくて、イチローみたいにもみ上げから顎《あご》にかけて繋がるような髭ね。けれど髭の形ばかりは、元々ある毛穴によるから望み通りにはならないだろうなあ。ちなみに鼻の下なら、髭とは言えないかもしれないけれど、濃い産毛なら今でも少し生えてるよ。これは単なるオッサンみたいなずぼらなオバサンに見えたら嫌だから、三日に一回ぐらいは剃っている。

セックスはべつに興味ないなあ。「女性を抱く」とか「抱きしめる」とかいう意味でなら、パートナーとのセックスは今でもちゃんとしてるからね。男体になったときにパートナーがいれば、これまでと同様に愛情の表現としてセックスするだろうけど、わざわざ相手をゲットしてするってことはしないな。

ちなみにペニス形成手術をすれば、いわゆる挿入のセックスが可能になるらしい。どんな感覚かは知らないが、感覚もあるようだ。ただし僕は医療の専門家ではないので確信は持てない。だから手術を希望する人は、ちゃんと医者に訊くように。僕は胸をとりたいとは思っているけれど、ペニス形成をするかどうかはまだ決めていないから、形成外科の医者に訊くのは当分先のことになると思う。そういえばこの前、ジェンダー・クリニックの精神科医に訊いたら、専門分野じゃないという理由ではっきりとは答えてくれなかった。ジェンダー・クリニックのメンバーなんだから知っていると思うんだけどなあ。まったく医者ってやつはもう少し柔軟に対応でききんもんなのか、まったく……。あ、男体になったらこれ以上医者に行きたくないってのもある。病院は金も時間もかかるからね。でも男体にしたらしたで、ホルモン療法を一生つづけなくちゃいけないから、医者とは一生縁を切ることはできないんだけどね。

▼性同一性障害でよかったと思うことは？

まさかこの期におよんで、「女子更衣室に入れて嬉しいですか」なんて間抜けな質問する人はいないだろうね。もしいたら、今すぐこの本を最初から読み直してほしい。と同時に、新たに十冊購入してほしい。そして一冊ずつ、通勤電車用、仕事場用、自宅用、風呂場用、トイレ用、プレゼント用、紛失した際の予備、切り抜き用、保存用、インテリア用にしてもらいたい。なぜ用途別に一冊ずつ買わなければならないのかという的を射た質問をする人は、おそらく大勢いるだろうな。

性同一性障害でよかったと思うのは、普通よりも性別に対する押しつけに敏感になれたことだね。例えば前に書いたランドセルの色みたいに、性に対する押しつけは社会の至る所に当然のような顔をして存在しているから、なかなか気づくことが難しい。押しつけに害がないなら気づかなくてもいいのだけれど、実際には押しつけは人間の可能性やチャレンジ精神を蝕む見えない天井の役割を果たしているから、気づかなければ大損していたと思う。その逆に、押しつけに気づいてしまったことで、腹を立てる回数が多くなっているかもしれないけれど、気づかないよりはいい。はるかにいい。押しつけに気づくということは、自分が押しつけられている以上の可能性のある人間だと気づくということだから。見えない天井をぶち壊したいと思うのは、天井の高さ以上に跳べる自分の可能性に気づくということだから。

もしも性同一性障害でなければ、見えない天井の存在を知ることはできなかっただろう。当事者の悩みは当事者にしかわからない……なんてことを言うつもりはさらさらないけれど、想像力をフルに発揮しなければたどり着けない領域だと思う。僕が当事者じゃなかったら、そうまでして他人の悩みを知ろうとしたかどうか、残念ながら確信は持てない。

やっぱり男女の組み合わせが自然なのでは？

性同一性障害をやっていると、

「男女の組み合わせが自然だ」

と、自然な性別ではないとして排除されることがある。こう言われると閉口してしまう。だってまず第一に、男女という性別が曖昧なものだからね。心の性別という意味でなら、心が男の僕が、心が女の人とつき合うことはとても自然なことだろう。しかし、僕が苛立ちを覚えるほどに辟易《へきえき》するのは、もっと別なところに理由がある。それは、

「自然ってなんやねん？」

と疑問に思うからだ。

いろんな人と話してきたが、子どもが出来る組み合わせを自然なカップルとする傾向がある。けれどそんなことを言えば、いわゆる男女のカップルでも、生殖能力に問題があれば自然な関係ではなくなるじゃないか。それだけじゃなくて、コンドームを使ってセックスするのも自然とは言えなくなるし、月経周期に合わせたり、膣外射精をして子どもができないようにバースコントロールすることも不自然になるだろう。フェラチオなんてもってのほかで、極めて不自然なことになるぞ。

だいたい子づくりのためにセックスする回数なんて、合計特殊出生率が一・三二人（二〇〇二年）なのだから、一生のうちに二回以下ってことだよ。それ以外は子づくりとは別の理由でセックスしてるんだから、「子どもをつくれる関係が自然」というのは実に不自然だ。仮に、一度きりの人生で一、二度しかセックスしないとしたら、聖人かカマキリの雄になれるぞ。そんなものになれる素質があるというだけで十分に不自然だ。このように、いわゆる

男と女の組み合わせを自然という名のもとに根拠もないのに絶対視して、その他の関係を排除するというのは極めて不自然な考え方なのだ。こんなに不自然という言葉を連続して使う僕の文章も不自然だ。

少数派を不自然なものとして排除しなければ、多数派は「わたしたちって普通よね」と安心できないのだろう。けれど他人の存在を否定しなければ自分の存在価値を保てないような生き方が、なんぼのもんじゃい。

謙虚に一億四万五千二百七十一歩譲って、仮に少数派が不自然な存在であったとしても、だからといって排除していいということにはならないだろう。自然だろうが不自然だろうが、他人を傷つけない限りにおいて、当人が自分らしく楽しく生きようとする人を誰も邪魔してはいけない。他人の生き方は尊重しなければならない。少なくとも排除されるべきものでは断じてない。

ときどき少数派が、多数派から向けられている「異端視」の視線をそっくりそのまま多数派に返すことでバランスを保とうとすることがあるが、そんなのはバカバカしくてお話にならない。一発なぐられたから一発なぐり返してチャラね、なんて、どっかの国の終わらない戦争じゃないんだからさ。

互いを潰すために生きるような生き方じゃなくて、各人が自由を楽しむ生き方をすればいい。そうすれば、自分の生き方が大切であるように、他人の生き方も大切だと気づけるようになるだろう。

自分の生き方を大切にすることこそが、自然なことだと僕は思う。

▼何を伝えたいのか

「いい人が多すぎて気色悪い」

と、げんなりしたのがこの本を書こうと思ったきっかけだった。同性愛や性同一性障害の当事者が書いている書籍は、著者にいい人が多すぎる。人から痛みを受けてきたぶんだけ他人に優しくできる、というわかりやすい構図が目につく。べつにそれが悪いわけじゃなくて、僕はそれに飽きてしまったということだ。当事者だっていろんな人間がいるはずなのに、書籍になっているのはいい人ばかり。当事者の声がいい人からしかあがらないのか、あるいはいい人の声しか本にならないのかは知らないが、このままだと当事者の実状を知らない人は当事者をいい人だと勘違いしてしまうじゃないか。それが嫌だった。

当事者＝いい人。なわけないじゃん。実際はもっといろんな人たちがいろんなことを書いているのだろうけど、事実がどうあれイメージとして「いい人ばかり」が目立てば、事実の力は弱まってしまう。人は弱い事実よりも、強力なイメージを受け入れる癖がある。そんなのテレビが当事者を悲劇のヒーロー（ヒロイン）か、笑い者扱いしているのを見ればわかることだ。僕は確立されてしまいそうな当事者の「いい人」イメージをぶち壊したかった。

いい人もいれば、悲劇のヒーローもいるし、世の中に恨みを持ってるダークなのもいるし、気難しいのもいるし、気遣いが多いのもいるし、お笑い芸人みたいなのもいるだろう。そして僕みたいなのもいる。僕のことをどう捉えるかはこの本を読んでくれたあなたの自由だけれど、いままでの当事者に対するイメージとはちょっと違ったのではないだろうか。

他人に対して勝手なイメージを持つということは、ノミを箱に入れて跳べなくさせるように、その人の能力や可能性を奪って、だめにするということだ。イメージとは決めつけなのだ。周りからの決めつけが本人の耳に届くほど流布《るふ》されたとき、それはマインドコントロールのように作用して、本人を変えてしまう。そうして他人が描いた勝手なイメージが、いつの間にか本人の思い込みになり、自分で自分の可能性を徐々に狭めていくのである。

他人のことを勝手に決めつけたり、自分自身のことを勝手に諦めたりせずに、一人ひとりが自由に生きればいい。常識なんかにとらわれることなく。周りの圧力や視線など気にせずに、自分らしくあればいい。性同一性障害であろうがなかろうが関係ない。誰もが自分らしくあればいい。心の底からそう思う。

僕は誰かに自分のイメージを勝手に作り上げられたくない。多数派と少数派の世の中の陣取りゲームになんかに左右されず、いつでも柔軟に、何からも自由になって生きたい。ときには自分自身からも解放されたいとさえ思う。今のままの自分でこの先一生を過ごすような、変化のない生き方はしたくない。僕は変わり続ける。いつでも生きたいように生きる。そのほうが人生を楽しめるだろうから。

僕が伝えたかったのは、

「俺が自由に生きて何が悪い？　何か文句あっか？」

という気合いである。この気合いがあなたの心で種となり、いつの日か芽が出てくれれば嬉しい。種をまいたのは僕でも、それを育てるかどうかはあなたの自由だ。

エピローグ

傲慢から感謝へ

最近は親と話をするようになった。かつてのような尖《とが》った言葉を使うことはなくなったが、今でもケンカはたまにする。つい先日もこんなことがあった。

僕はまだホルモン注射をしていない。これからしようと考えているところだ。注射には健康を害するような副作用が生じることもある。だから不安なんてないと言えば大嘘だ。副作用とうまく折り合いをつけながら、自分の体を変えていこうと思っている。

それなのに、副作用の不安ばかりを親が口うるさく言うものだから、

「自分の体なんだから、自分が一番心配してるんだ。不安を煽《あお》るな!」

と、思わず怒鳴《どな》ってしまった。

けれど、今ならわかる。親は文字通り親身になってアドバイスしてくれているのだ。怒る

んじゃなくて感謝しなければいけないと思う。けれど、
「僕は十年以上も口をきかなかった親不孝者なので、これからは心を入れ替えて孝行します」
なんてことは、根が素直じゃないので言えない。言ったところで、そんなものは嘘臭い。
政治家の公約じゃないんだから、そんな上《うわ》っ面《つら》なスローガンを掲げるつもりはない。けれど、
たったひとつだけ孝行しようと思っていることがある。
「親より先には死なない」
これだけだ。大したことないじゃないかと思われるかもしれないが、これだけで十分だと
思う。僕だけじゃなくて、あらゆる人がね、親より先に死んじゃあいけないと思う。親に葬
式を出させるってのは、あまりにも親不孝すぎる。

友だちは相変わらず少ない。もともと大勢の仲間が欲しいと思ってないからね。信頼でき
る相手がひと握りいれば、僕はそれで満足だ。

「信頼していた人に裏切られたらどうするの。また孤独になるよ」

あまりにも限られた人にしか心を開かない僕のことを心配した友だちが、忠告してくれた。

けれど、違うんだ。

「自分が勝手に信頼できると思える相手が数人いればいい」

そう思っている。肝心なのは「勝手に」ってこと。勝手に思い込んでいるだけだから、裏

切られることだってあるかもしれない。けれどそのときは裏切られたと思うんじゃなくて、発見すればいいのである。人間なんだから意見の違いはあるし、真剣につき合っていれば対立は絶対に避けられない。思わぬ対立に遭ったときには、

「そういう考え方もあるんだな」

「こいつは、こんなふうに考えるんだな」

と、発見すればいいのだ。

相互理解なんて、そうそう簡単にできるもんじゃない。自分自身のことですらわからないことだってあるでしょ？　例えば会社を辞めたいといつも愚痴《ぐち》っているのに、辞められなかったりね。自分のことですらあやしいのに、他人のことなんてもっとあやしいのが当たり前だ。

対立を恐れずに真剣にコミュニケーションを続ければ、互いの理解は深まる。けれど、完全に理解できることなんてないと思う。一見ネガティブに聞こえるかもしれないけれど、これはポジティブな考え方だ。相手を勝手に信頼するってのは、相手のことを肯定的に受け止めなければできないことだから。

僕が勝手に信頼している友だちは、改名の裁判で有利になるような手紙を書いてくれた。彼らは、僕が改名したらすぐに新しい名前で呼んでくれた。我ながら、なかなかいい友だちをもっていると思う。

そういえば、自分をゲイと言っていたときは一緒に手をつないでくれていた女の子が、性同一性障害で本当は男なんだと告げてからは、手をつないでくれなくなったなあ。これは寂しいけれど、きっと僕のことを男だと認めてくれたからだろう。と、自分の都合のいいように解釈しておくのがポジティブ思考のミソなのだ。

仕事では、いろんな会社と取引させてもらっている。改名したときに、性別も変えて仕事をしたいと申し出たら、事情を詳しく訊いてくれたうえで、快く応じてくれた会社がある。もしも社会保険などの公的な手続きで問題が起こったら、法務部があるので一緒に考えましょうとも言ってくれた。世の中には思わぬときに、思わぬところで味方に出会えることがあるもんだ。

会ったことのないゲイや性同一性障害にも、礼を言わなければいけない。彼らのホームページがどれほど参考になったことか。受けた恩は後の人に回すことにしているので、ときどきトーク・ライブと銘《めい》打《う》ってジェンダー・フリーの講演をしている。僕に性教育を受けた人間がどう育つかは今後のお楽しみである。お楽しみといっても、ホラー映画のような楽しみにならないことを祈っている。

世の中全部敵なんて、まったく傲慢だった。僕が今、崖っぷちを笑いながら歩けるのは、誰かが足元を照らしてくれているおかげだろう。傲慢でわがままで、つき合いづらい僕によくまあ愛想を尽かさずにいてくれたものである。ありがたいことだ。でも、またきっとケンカするだろうね。自分自身であるために、僕はきれいな部分も汚い部分も隠さずに本気で生きていくから。

だから、みんなも本気でよろしく。お互いに本気で生きていれば類は友を呼んじゃうから、いつかどこかで会えるだろう。

その日までお互いに、天井をぶち壊して跳び続けようや。

◉著者について

岩村 匠 いわむら しょう

1970年生まれ。自称スーパーポジティブな性同一性障害。2002年に治療を開始、2003年に改名を果たす。男性なのに女子短大に入学した理由は本書第Ⅰ章に、性同一性障害と告げたときの両親の反応は第Ⅱ章に、体つきが女性であるメリットについては第Ⅲ章に、じょうずなカミングアウトの秘訣は第Ⅳ章に、なぜかみんな聞きたがる、「どんなパンツ履いているの？」という質問への回答は第Ⅴ章に、それぞれ詳述。

性別不問《せいべつふもん》。
「性同一性障害《せいどういつせいしょうがい》」という人生《じんせい》

◉著者
岩村《いわむら》 匠《しょう》

◉発行日
初版第1刷　2003年10月30日

◉発行者
田中亮介

◉発行所
株式会社 成甲書房

郵便番号101-0051
東京都千代田区神田神保町1-42
振替00160-9-85784
電話03(3295)1687
E-MAIL mail@seikoshobo.co.jp
URL http://www.seikoshobo.co.jp

◉印刷・製本
株式会社シナノ

Printed in Japan, 2003
ISBN4-88086-154-5